〔明〕錢德洪 編次　羅洪先 考訂
向輝 彭啓彬 點校

陽明先生年譜

毛汝麒本

北京燕山出版社

本書爲北京市優秀古籍整理出版扶持項目

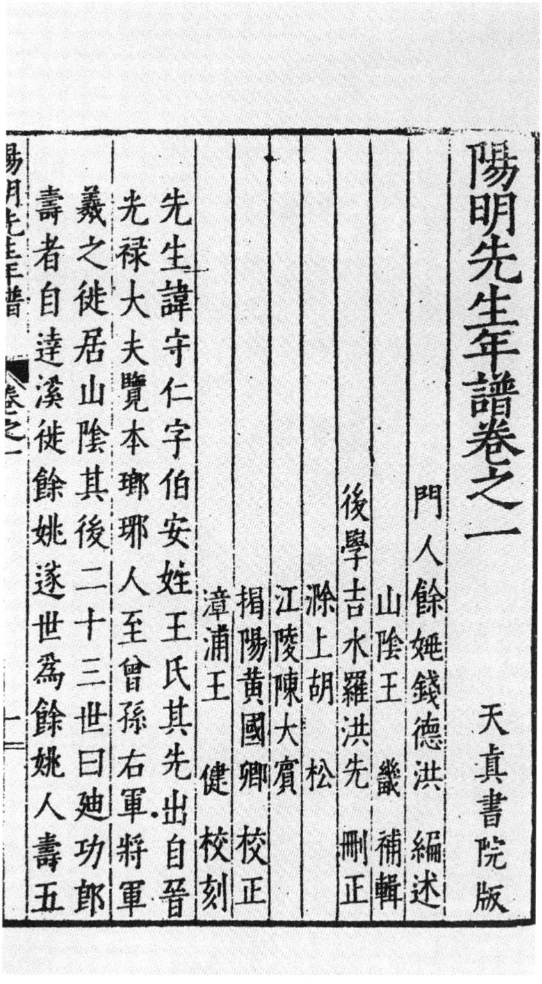

陽明先生年譜卷之一　天真書院版

門人餘姚錢德洪　編述

山陰王畿　補輯

後學吉水羅洪先　刪正

滁上胡松

江陵陳大賓

揭陽黃國卿　校正

漳浦王健　校刻

先生諱守仁字伯安姓王氏其先出自晉光祿大夫覽本瑯琊人至曾孫右軍將軍羲之徙居山陰其後二十三世曰廸功郎壽者自達溪徙餘姚遂世爲餘姚人壽五

天真書院本書影

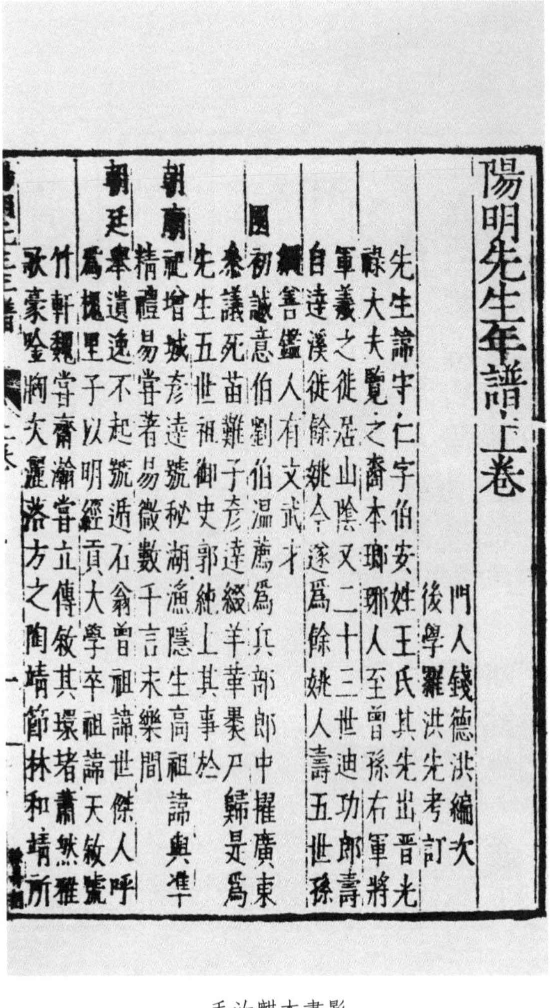

陽明先生年譜上卷

門人錢德洪編次
後學羅洪先考訂

先生諱守仁字伯安姓王氏其先出晉光祿大夫覽之裔本瑯琊人至曾孫右軍將軍羲之徙居山陰又二十三世迪功郎壽自達溪徙餘姚今遂爲餘姚人壽五世孫綱善鑑人有文武才

國初誠意伯劉伯温薦爲兵部郎中擢廣東參議死苗難子彥達綴羊革裹尸歸是爲先生五世祖御史郭純上其事於

朝廟祀增城彥達號秘湖漁隱生高祖諱與準精禮易嘗著易微數千言永樂間

朝廷舉遺逸不起號遯石翁曾祖諱世傑人呼爲槐里子以明經貢太學卒祖諱天敘號竹軒魏蒼瀚嘗立傳敘其環堵蕭然雅歌豪吟胸次灑落方之陶靖節林和靖所

陽明先生年譜 上卷 一

毛汝麒本書影

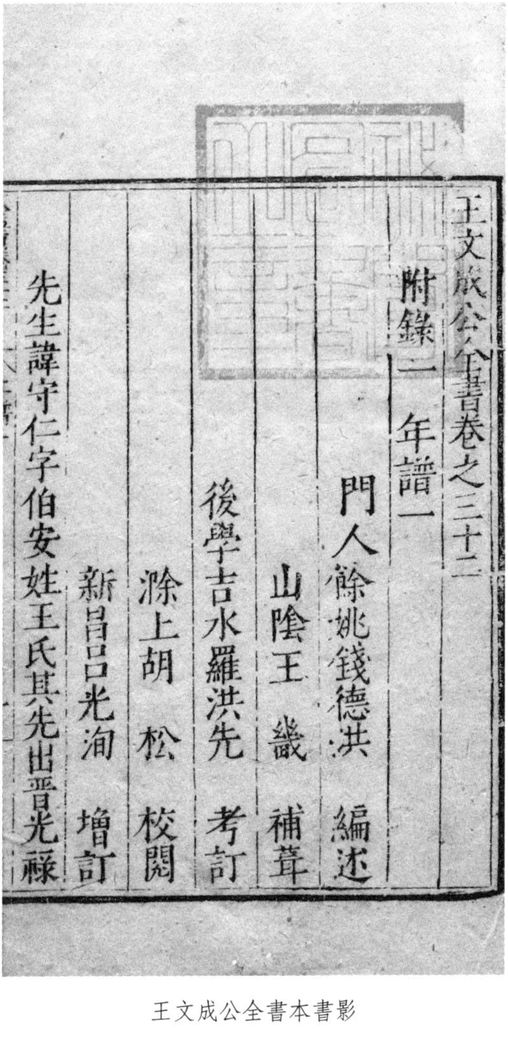

王文成公全書卷之三十二

附録一　年譜一

門人餘姚錢德洪　編述

山陰王畿　補葺

後學吉水羅洪先　考訂

滁上胡松　校閲

新昌呂光洵　增訂

先生諱守仁字伯安姓王氏其先出晉光祿

王文成公全書本書影

整理説明

陽明先生年譜是陽明學的基本文獻，在存世的古文獻中，林林總總的陽明年譜有三十多種，其中以王文成公全書所附録的版本流行最廣，影響最大。據全書本年譜附録記載，陽明逝世不久，門人薛侃首倡年譜編輯事宜，參與者有同門鄒守益、錢德洪、歐陽德、王畿等人。最初計劃，各人分年分地，收集遺言遺事，編成草稿，由鄒守益總裁删訂。編纂年譜并非易事，自倡議之後過了二十多年，陽明先生文録、傳習續録等相繼問世，而年譜始終未能成稿。眼看同門零落殆盡，鄒守益等感慨必須另覓新法，故與錢德洪商議，改變原來的編輯方案，由錢德洪一力完成書稿。

錢德洪（一四九七—一五七四），本名錢寬，字德洪，因避先世諱，以字行，并改字洪甫，浙江餘姚人。錢德洪與陽明同鄉，早年聞陽明講學江右，思及門請益而未果。正德十六年九月，陽明歸餘姚掃墓，錢德洪率其姪大經、應揚等人，因陽明之姪王正心通贄請見，遂師事陽明。嘉靖初年，陽明在越，錢德洪「自歸省外，無日不侍左右」。陽明去世以後，錢德洪先後編訂了陽明先生詩録、陽明先生文録、文録續編、傳習續録、增刻朱子晚年定論等重要文獻，豐富的文獻編纂經驗使他成爲編訂年譜稿的最佳人選。

在最初的編輯分工中，錢德洪只負責陽明始生至謫龍場一段。嘉靖二十九年，錢德洪在溧陽（今屬常州）嘉義書院完成草稿。十年後，鄒守益致書催促，謂「同志注念師譜者，今多爲隔世人矣。後死者寧無懼乎？譜接龍場，以續其後，修飾之役，吾其任之」。嘉靖四十一年上半年，年譜稿初步告竣。年底，錢德洪携稿訪鄒守益，行至南昌（鄒爲江西安福人），得知鄒已於十一月十日逝世。錢德洪與胡松前往吊唁，便道訪問羅洪先，相約共同考訂年譜。

江右王門是陽明學的重要支流，黄宗羲説「姚江之學，惟江右爲得其傳」。

在江西衆多陽明學者中，「私淑而有得者」，以羅洪先爲最。羅洪先（一五〇四—一五六四），字達夫，號念庵，江西吉水人。正德十二年，陽明巡撫南贛，羅洪先有志及門問業，因父母愛護不讓出門，故終身止稱後學。嘉靖二十七年六月底，王畿、錢德洪、鄒守益、羅洪先等人大會於吉安青原山，論及年譜，曾以「丁丑以後五年」，即正德十二年至十六年，陽明巡撫南贛至平定寧王宸濠叛亂事，囑羅洪先編次考訂。或謂羅洪先雖未完成此段年譜的草稿，但已經收集了大量年譜資料。

嘉靖四十一年底，與羅洪先分别之後，錢德洪取道省城，準備在南昌完成年譜的編輯工作。但省城同志太多，迎來送往，很多應酬，因避往上饒懷玉書院。四十二年初，年譜草稿略就，同時寫寄羅洪先删改校正。羅洪先得稿後，「手自批校，三四易稿」，對原稿中敘事性的修辭大加删改，又增録了若干引文以及傳聞。錢德洪完成年譜稿以後，回到杭州天真書院，又與陳大賓、黄國卿等人就原稿進行校正，定稿爲七卷本并刊刻行世。大約同時，羅洪先删訂的三卷本，由胡松、陸穩、毛汝麒等人刊於江西贛州。天真本、贛州本刊刻時，都有急就之意。天真本在刊刻期間，校正者之一黄國卿逝世；贛州本資助人胡松因調任即將離開江西，要求刻期入梓，因爲時間倉促，兩本中都有删改失當以及疏於讎校之處。當時錢、羅二人皆老邁，校訂工作千頭萬緒，或有弟子輩代斫者。

天真本、贛州本同出一源，即錢德洪在懷玉書院完成的年譜稿。最終刊行的版本出入頗大，主要原因與主事者有關。今存錢德洪、羅洪先論年譜書信十餘通（見鳳凰出版社羅洪先集卷六以及中華書局王文成公全書卷三十六），顯示二人在修辭原則以及對某些史實的處理等方面皆有分歧。其中頭緒較多，以下僅述其大略。

年譜定稿時，陽明去世已三十多年，而陽明學正蓬勃發展。江西青原山、懷玉書院、杭州天真書院等地，每一大會，與會學者多達上百人。受當時學術形勢的影響，錢德洪編纂的年譜稿中有「鋪序」「文飾」（羅洪先語）之處。如正德十四年擒獲宸濠條，在引龍光述行間事之後，錢德洪「憮然自嘆曰：（中略）此聖學之全功，三王之遺智也」云云。又正德十五年「正月居贛」條，錢德洪述陽明處權豎事，文末讚歎陽明：「（前略）守正而不屈，旁行而不流，出入變化，妙應無迹，而奸黨終不敢逞，身亦免難。三代以下，證聖學之全功，徵矣哉」云云。類似的修辭，羅洪先以爲大可不必。他認爲，陽明功業昭著，後人自有題評，而其學術則「待人自入」。他舉象山年譜爲例，謂「每見友人於門生推尊處，輒有厭心」；又引唐順之語，説：「萬世人眼毒，瞞得誰過？」故他主導刊刻的贛州本「微涉揚詡，不敢存一字」。

天真本有部分辯證學術的修辭，也爲羅洪先所不取。如正德四年，陽明始論「知行合一」。錢德洪總結陽明的意思，説「先生以晦庵分知行爲進學之次第，先之以格致而於知無不明，然後實之以誠正而於行無所繆。是使學者影響測憶以求知，而不知性體有自然之明覺也；拘執固滯以爲行，而不知性體有自然之感應也」。又正德十三年七月，刻古本大學，錢德洪説：「先生在龍場時，疑朱子大學章句非聖門本旨，手録古本，伏讀精思，始信聖人之學，本簡易明白」云云。以上兩條，都包含了對朱子的批評。尤其是第一條，截取陽明語録，但意思有變。所謂「先之以格致」、「然後實之以誠正」云云，語出陽明答徐成之書，而陽明在原書中明確説：「世之學者掛一漏萬，求之愈繁而失之愈遠，（中略）此乃後世學者之弊，而當時晦庵之自爲，則亦豈至是乎？」是天真本本欲推尊陽明而反失陽明之意。羅洪先删此二條，於第一條代以徐愛録知行答問語（後徐愛因未會先生知行合一之訓云云），於第二條則删存大學古本序，皆較天真本爲平實。

此外，羅洪先認爲年譜稿中列舉門人姓字「太濫」，有「不必强入」者。他尤其致疑於舒芬稱門生一事，他舉舒芬書信以及贈詩爲證，以爲舒芬稱門生，乃僚屬之常稱，非必服膺陽明之學也。錢德洪對此略有辯論。今檢天真本正德十五年九月述舒芬稱弟子條，共百餘字，贛州本無，可見雙方没有達成一致的意見。與此相似，則有聶豹稱門人事。天真本於嘉靖五年，大字特書「八月，答門人聶豹書」，以下引陽明書信。據年譜記載，聶豹稱門人在陽明歿後，是「門人」二字或有誇飾之嫌。贛州本於此僅作「八月。聶豹以御史巡按福建，渡錢塘來見先生。別後致書」云云。

羅洪先在通信中還指出了年譜稿某些可疑之處。如正德十五年，年譜稿記陽明「正月在贛」，「九月始返南昌」。羅洪先以爲此「非巡撫所宜」，乃考開先寺刻石以及陽明詩文，訂作「正月赴召」，「二月，如九江，還南昌」，「六月如贛」，「九月」，又「還南昌」。從天真本來看，羅洪先的意見没有被盡數採納，此或錢德洪自有定見，故不爲所移；又或天真本定稿之時，事經衆手，非錢氏一人所能定。

陽明一生的思想經歷了多次轉變，年譜對於某些關鍵環節以及重要論述皆有提示。羅洪先在通信中說：「於目中諸書揭標，令人觸目，亦是提醒人處，入梓日以白黑地別之。」他特别指出：「如舉良知之說，皆可揭標於目中。」今檢二本，標注大體一致，然亦不完全相同。如弘治二年下標「是年，先生有志聖學」；又十年下標「是年，先生學兵法」；十一年下標「是年，先生聞養生之術」，凡此數條，二本大體相同。其不同之處，如嘉靖三年下，天真本標「舒柏有敬畏累洒落之問、劉侯有入山養靜之問」、「論聖賢之學無妨于舉業」，又於四年下標「答顧東橋璘書」，此數條，贛州本皆無標注。在標注形式上，天真本於各要目皆黑底白字，頗爲醒目，而贛州本僅在諸字之外加一邊框。

天真本、贛州本有大量修辭細節上的差異，異文多達上千條。大體而言，贛州本修辭較爲簡練。贛州本輯録遺言遺事三十餘條，其中有很多珍貴的記録。如弘治十四年陽明就道者蔡蓬頭問仙術、於地藏洞訪異人；正德十二年十月，陽明與謝志珊問答語；正德十三年九月，修濂溪書院，「設酒食以勞諸生」等事，皆僅見於贛州本。對這些遺言遺事的收集整理，是羅洪先對陽明學的重要貢獻。

陽明生平功業多在江西，江西地區有很多關於陽明的傳聞。天真本、贛州本年譜中有明顯傳聞異辭的例子。如正德十三年正月，陽明誘擒池大鬢事，天真本節略浰頭捷音疏敘其始末，與贛州本出入較大。贛州本在敘述該事之後，説「給仲容事，難顯言，故上捷之辭稍異」。羅洪先在通信中説及此事，認爲「行事與告君，各有體段，盡從奏議，翻作誑矣」。又説「先生事業，莫微妙於破三浰，莫危於擒宸濠，故委曲描寫，以動人之思」。贛州本敘破三浰事比較生動，後來被馮夢龍採入講史小説皇明大儒陽明先生靖亂録。又敘擒宸濠始末，贛州本據龍光之言與羅洪先所親聞者，增補有關記録數十條。凡此種種，傳聞異辭，未必盡爲可信，但出當事者口述，亦有特殊的價值。

天真本、贛州本以及全書本年譜有密切的源流關係。如記陽明始生事，天真本作：「**皇明憲宗成化八年壬辰，九月丁亥，先生生。**九月三十日丁亥，太夫人鄭娠彌十四月，祖母岑夢神人衣緋玉雲中鼓吹，送兒授岑，岑驚寤，已聞啼聲。祖竹軒公異之，即以雲名。鄉人傳其夢，指所生樓曰瑞雲樓。」

贛州本作：「**明憲宗成化八年壬辰，九月丁亥，先生生。**是爲九月三十日，太夫人鄭娠十四月，祖母岑夢神人衣緋玉雲中鼓吹送兒，驚寤，已聞啼聲。祖竹軒翁異之，以雲名。鄉人指所生樓曰瑞雲。」

全書本作：「**憲宗成化八年壬辰，九月丁亥，先生生。**是爲九月三十日，太夫人鄭娠十四月，祖母岑夢神人衣緋玉雲中鼓吹，送兒授岑，岑驚寤，已聞啼聲。祖竹軒公異之，即以雲名，鄉人傳其夢，指所生樓曰瑞雲樓。」

雖然不能確定天真本與嘉靖四十二年上半年在懷玉書院完成的草稿有多大的出入，但就此兩條而言，可以斷定贛州本據天真本底稿刪訂而成。如刪句首「皇」字，又刪「丁亥」二字（因其與綱中「丁亥」二字重複），又刪「彌」字（刪字之後意思不變），刪「授岑岑」、「即」、「傳其夢」、「樓」等字，增「是爲」二字，又改「公」爲「翁」。全書本刪「丁亥」二字，刪「彌」字，增「是爲」二字，皆同贛州本（贛州本刪字的理由較爲充足），其他則同天真本（或取其文義縝密，敘述飽滿）。全書本又刪句首「明」

字，可見當時雖然汲二本之長，但辭尚簡要，仍是基本原則。

全書本年譜據天真本、贛州本刪訂，不免沿襲之累。如正德六年十月，湛甘泉奉使安南，陽明作別湛甘泉序，文中有「吾與甘泉友，意之所在，不言而會，論之所及，不約而同，期於斯道，斃而後已者」數語。年譜引此數句，天真本與原文同，贛州本大概覺得句末「者」字在語法上較爲奇特，因而改「友」爲「有」，整句成爲古漢語中「有……者」這樣常見的句式。全書本與贛州本同，雖無大誤，但不是嚴格的引文原則。同篇引文全書本有誤字，如「顧一二同志之外，莫予翼也」，全書本「翼」訛作「冀」；又篇末「習俗之降愈下而益不可回」，全書本「益」訛作「抑」。通行本中此二例多未能改正，而贛州本、天真本皆不誤，可據以校正。

全書本有删改之後影響文義的例子。如正德十二年九月，陽明提督南贛軍務。天真本作：「**九月，提督南、贛、汀、漳軍務。**虔鎮舊止以巡撫蒞之，至周南曾請旗牌，隨繳還。至是先生復以請，遂有提督之命，是後因之不復更。其請旗牌疏曰」云云。

贛州本作：「**九月，改授提督南、贛、汀、漳等處軍務，給旗牌，得便宜行事。**南贛舊以巡撫蒞之，至周公南嘗請旗牌，事畢繳還，不爲定制。至是先生疏請，遂有提督之命，後不復更，乃上疏換勅謝恩。勅諭有曰」云云。

全書本作：「**九月，改授提督南、贛、汀、漳等處軍務，給旗牌，得便宜行事。**南贛舊止以巡撫蒞之，至都御史周南曾請旗牌，事畢繳還，不爲定制。至是先生疏請，遂有提督之命，後不復更。疏以我國家有罰典」云云。

三本之間因襲之迹頗爲明顯。天真本「曾請旗牌」四字，贛州本「曾」作「嘗」，這是訓詁式的改讀，意思不變。但全書本除郭朝賓本以外，通行四部叢刊本以及四庫本，「曾」皆訛作「會」。文中「後不復更」，是説前此南贛止有巡撫，而自陽明疏請之後，南贛巡撫始兼提督軍務事。此在天真本、贛州本皆無可疑，而全書本删改之後，意思不如原本明確。今通行的整理本，「更」字多讀屬下句，既失原文之意，於史實亦誤。「會」字之訛，通行本亦多未改正。

同樣的例子又見正德十四年拔南昌條下。天真本「衆議以爲安慶被圍勢急，宜引兵赴之」，贛州本删「以爲」二字，又改「勢」爲「甚」，改「赴」爲「捄」，全書本斟酌於二本之間，改作「衆以安慶被圍急，宜引兵赴之」。文句更加簡練，源流既明之後，句讀毫無歧義。但從民國到現在的整理本，多以「急」字讀屬下句。全譜中這樣的例子很多，若非用三本詳爲比勘，若干疑似之處亦不易辨析。

天真本、贛州本年譜是陽明先生年譜的最早版本，其中保留了陽明生平學術的若干細節，也保留了陽明學人對於師説的不同見解，具有重要的版本價值和史料價值。隆慶六年彙編全書之時，吕光新、吕光洵負責年譜的删訂工作。删訂之後的版本雖較原本整飭，但也因襲了二本的不足之處。時至今日，若考鏡源流，校正訛繆，天真本、贛州本缺一不可。在當代的陽明學研究中，因爲天真本極爲罕見，而贛州本有影印本便於獲取，常常被誤認爲是全書本年譜在删訂時唯一的底本依據，造成了一些不必要的誤解。這也是天真本、贛州本年譜亟待整理的原因之一。

從天真本、贛州本到全書本，陽明年譜呈現出清晰的源流特徵。鑒於各書有助於廓清當代陽明文獻研究中某些錯誤的認識，編者等人將天真本、贛州本合并整理爲陽明先生年譜兩種。本書所據天真本爲日本名古屋市蓬左文庫藏書，這是目前所見到的該書唯一的存世版本。本書所用的贛州本，今藏中國國家圖書館。在整理過程中，我們遵照通行的古籍整理原則，對部分異體字作了統一處理。對於原文的疑似之處，則用三本相互校正。本書所據全書爲隆慶六年郭朝賓本王文成公全書，年譜見原書卷三十二、三十三、三十四，共三卷。需要特别説明的是，年譜中的敍事多以陽明的奏疏、書信等原始文獻爲依據，從原始文獻到天真本以及贛州本，其中有很多删改的痕迹，年譜中的引文與原文也多有出入。這些因爲删改造成的異文，以及引文中的異文，有些是有意的節略和改訂，但也有脱漏導致文義不足，甚至删改失當的例子，有時候兩者的界限也不能十分確定。這給整理工作增加了一些困難。本書以底本爲主，只在底本明顯有誤（當然也免不了編者的主觀判斷）的情況下，才根據其他文獻進行校正。對於底本中删改失當以及脱漏導致文義不足之處，本書僅出校存異而并不補字。陽明年譜中有一些不確實，甚至錯誤的記録，自清代以來，學者多有考辨。本書僅限於文獻整理的範圍，不涉及具體史實的考證工作。本書的整理歷時甚久，在工作前期，羅博偉、賈曉波先生承擔了部分録入以及復核工作。全書由向輝、彭啓彬審閲定稿。今刊行在即，略述本末，敬希讀者不吝教正。

二〇二一年六月二十九日整理者識

目録

刻陽明先生年譜引

嘉靖戊子春正月，相以知臨川縣被召，選試河南道監察御史。二月，奏疏請皇上稽古脩德，以答天眷，端好尚，杜佞倖。咎涉浚恒，落職謫嶺表。時陽明先生正有討田州之役，閱得相報，亟檄促我曰：「平田州易，集衆思善後難，檄至輒行。」又曰：「俗心以謫官事事爲俗吏。余謂此正俗吏之談，全不省如何是俗，如何是不俗，道眼能自得之。」相被檄矍然，遂就道。及豐城，而報先生卒南安矣，本年十一月丁卯也。嗟乎！相將及門，卒不得一稟業，以聞性與天道之說。雖然，檄數語，固性與天道之説也。先生年譜成，胡柏泉檄贛州佐毛汝麒刻之。未登梓，柏泉以少司馬召，不竢駕行，囑相促之。訖工薦衮，展無檄我數語，偶脱之邪？抑誤謂邇言，漫脱之邪？因足之，以確於緒山、龍溪、念菴。

嘉靖甲子首夏九日，巡撫江西等處地方兼理軍務都察院右副都御史明郡後學周相識。

刻陽明先生年譜序

人有恒言，真才固難，而全才尤難也。若陽明先生，豈不亶哉其人乎？方先生抗議忤權，投荒萬里，處約居貧，困心衡慮，煢然道人尒。及稍遷令尹，漸露鋒穎矣。未幾内遷，進南太僕，若鴻臚，官曹簡暇，日與門人學子講德問業，尚友千古，人皆譁之爲禪。後擢僉副都御史，至封拜，亦日與門人學子論學不輟，而山賊、逆藩之變，一鼓殲之，於是人始服先生之才之美矣。雖服先生之才，而猶疑先生之學，誠不知其何也。

松嘗謂先生之學與其教人，大抵無慮三變。始患學者之心紛擾而難定也，則教人靜坐反觀，專事收斂。學者執一而廢百也，偏於靜而遺事物，甚至厭世惡事，合眼習觀，而幾於禪矣，則揭言「知行合一」以省之。其言曰「知者行之始，行者知之成」，又曰「知爲行主意，行爲知工夫」，而要於去人欲而存天理。其後又恐學者之泥於言詮，而終不得其本心也，則專以「致良知」爲作聖爲賢之要矣。不知者與未信者，則又病良知之不足以盡道，而群然吠焉。豈知良知即良心之別名，是知也，維天高明，維地廣博，雖無聲臭，萬物皆備。古今千聖萬賢，天下百慮萬事，誰能外此知者？而致之爲言，則篤行固執，允迪實際，服膺弗失，而無所弗用其極，竝舉之矣。豈專守靈明，用智而自私耶？專守靈明，用智自私，而不能流通著察于倫物云爲之感，而或牽引轉移於情染伎倆之私。雖名無不周徧，而實難與研慮；雖稱莫之信果，而實近於蕩恣。甚至藐兢業而病防檢，私徒與而挾悻嫉，廢人道而群鳥獸，此則禪之所以病道者尔。先生之學，則豈其然乎？故其當大事，决大疑，夷大難，不動聲色，不喪匕鬯，而措斯民於衽席之安，皆其良知之推致而無不足，而非有所襲取於外。

他日讀書，竊疑孔子之言，而曰：「我戰則克，祭則受福。」夫聖非誇也，非嘗習爲戰與鬬也，又非有祝詛厭勝之術也，而云「必克」與「福」，得無殆於誣歟？是未知天人之心之理之一也。夫君子齋戒以養心，恐懼而慎事，則與天合德，而聰明睿知，文理密察，溥博淵泉而時出之矣。則何福之不獲，何戰之弗克，而又奚疑焉？不然，傳何以曰：「明乎郊社之禮，禘嘗之義，治國其如視諸掌乎？」夫郊社禘嘗之禮，則何與於治國之事也？夫道一而已矣，心亦一而已矣，通則皆通，塞則皆塞，文豈爲文，武豈爲武？蓋尚父之鷹揚，本於敬義，而周公之東征破斧，寔哀其人而存之。彼依托之徒，呼喝叱詫，豪蕩弗檢，自詭爲道與學，而欲舉天下之大事，祇見其勞而敝矣。

緒山錢子，先生高第弟子也。編有先生年譜舊矣，而猶弗自信，泝錢塘，踰懷玉，道臨川，過洪都，適吉安，就正於念菴諸君子。念菴子爲之删繁舉要，潤飾是正，而補其闕軼，信乎其文則省，其事則增矣。計爲書四卷[一]，既成，則謂予曰：「君

[一] 計爲書四卷 按本書實爲三卷。

滁人，先生蓋嘗過化，而今繼居其官，且與討論，君宜敘而刻之。」余謝不敢，而又弗克辭也，則以竊所聞於諸有道者論次如左。俾後世知先生之才之全，蓋出於其學如此，必就其學而學焉，庶幾可以弗畔矣夫。

嘉靖癸亥夏日，巡撫江西等處地方兼理軍務兵部右侍郎兼都察院右僉都御史滁上後學胡松序。

陽明先生年譜考訂序

嘉靖戊申，先生門人錢洪甫聚青原言年譜，僉以先生事業多在江右，而直筆不阿，莫洪先若，遂舉丁丑以後五年相屬。又十六年，洪甫携年譜稿二三册來，謂之曰：「戊申青原之聚，今幾人哉？」洪甫懼，始堅懷玉之留。明年四月，年譜編次成書，求踐約，會滁易胡汝茂巡撫江右，擢少司馬且行，刻期入梓，敬以旬日畢事。已而即工稍緩，復留月餘。自始至卒，手自更正，凡入百數十條。其見聞可據者，删而書之，歲月有稽，務盡情實，微涉揚詡，不敢存一字，大意貴在傳信以俟將來。而提督歸安陸汝成梓于贛，是時亦有南京少司馬命，年譜適傳。洪先因訂年譜，反覆先生之學。如適途者顛仆沉迷泥淖中，東起西陷，亦既困矣，然卒不爲休也。久之，得小蹊徑，免於沾塗，視昔之險道有異焉。在它人宜若可以已矣，然卒不爲休也。久之，得大康莊，視昔之蹊徑又有異焉。在它人宜若可以已矣，乃其意，則以爲出於險道而一旦至是，不可謂非過幸。彼其才力足以特立而困猶我者，固尚衆也。則又極力呼號，冀其偕來以共此樂，而顛迷愈久，呼號愈切。其安焉而弗之覺者，顧視其吸吸至老死不休，而翻以爲笑，不知先生蓋有大不得已者惻於中。

嗚呼！豈不尤異也乎？故善學者，竭才爲上，解悟次之，聽言爲下。蓋有密證殊資，嘿持妙契，而不知反躬自求實際，以至不副夙期者，多矣。固未有歷涉諸難，深入真境，而觸之弗靈，發之弗瑩，必有俟於明師面臨，至語私授，而後信久遠也。洪先談學三年而先生卒，未嘗一日得及門，然於三者之辨，今亦審矣。學先生之學者，視此何哉？無亦曰是必有待乎其人，而年譜者，固其影也。

嘉靖四十二年癸亥七月朔，後學吉水羅洪先書。

陽明先生年譜上卷

門人錢德洪編次
後學羅洪先考訂

先生諱守仁，字伯安，姓王氏。其先出晉光禄大夫覽之裔，本瑯琊人，至曾孫右軍將軍羲之，徙居山陰。又二十三世，迪功郎壽自達溪徙餘姚，今遂爲餘姚人。壽五世孫綱，善鑑人，有文武才。國初，誠意伯劉伯温薦爲兵部郎中，擢廣東參議，死苗難。子彦達綴羊革裹尸歸，是爲先生五世祖。御史郭純上其事於朝，廟祀增城。彦達號秘湖漁隱，生高祖，諱與準，精禮、易，嘗著易微數千言。永樂間，朝廷舉遺逸，不起，號遁石翁。曾祖諱世傑，人呼爲槐里子，以明經貢太學卒。祖諱天敘，號竹軒，魏嘗齋瀚嘗立傳，敘其環堵蕭然，雅歌豪唫，胸次灑落，方之陶靖節、林和靖。所著有竹軒稿、江湖雜稿行於世，封翰林院脩撰。自槐里子以下，兩世皆贈嘉議大夫、禮部右侍郎，追贈新建伯。父諱華，字德輝，别號實菴，晚稱海日翁，嘗讀書龍泉山中，又稱爲龍山公。成化辛丑，賜進士及第第一人，仕至南京吏部尚書，進封新建伯。龍山公常思山陰山水佳麗，又爲先世故居，復自姚徙越城之光相坊居之。先生嘗築室陽明洞，洞距越城東南二十里，學者咸稱陽明先生云。

明憲宗成化八年壬辰，九月丁亥，先生生。

是爲九月三十日，太夫人鄭娠十四月，祖母岑夢神人衣緋玉雲中鼓吹送兒，驚寤，已聞啼聲。祖竹軒翁異之，以雲名。鄉人指所生樓曰瑞雲。五歲猶不言，有神僧過之，笑曰：「可惜道破。」翁悟，更今名，即能言。且誦翁所讀書，訝之，曰：「聞聲已默記矣。」

十七年辛丑，先生十歲，皆在越。

龍山公舉進士第一甲第一人。

十八年壬寅，先生十一歲，寓京師。

龍山公迎養竹軒翁，因携先生如京師，年纔十一。翁過金山寺，與客酣飲，擬賦未成。先生在旁曰：「金山一點大如拳，打破維揚水底天。醉倚妙高臺上月，玉簫吹徹洞龍眠。」客驚異，復命賦蔽月山房詩。先生應曰：「山近月遠覺月小，便道此山大於月。若人有眼大如天，還見山小月更闊。」明年就塾師，豪邁不羈。爲相士所異，嘗熟視曰：「天下有斯人乎？鬚拂領，其時入聖境；鬚至上丹臺，其時結聖胎；鬚至下丹田，其時聖果圓。驗之將來，斷不誣也。」先生感其言，自是對書凝思。嘗聞塾師以登第爲第一等事，竊不謂然，嘗曰：「惟有爲聖賢可耳。」龍山公聞之，笑曰：「汝欲做聖賢耶？」

二十年甲辰，先生十三歲，寓京師。

母太夫人鄭氏卒。

居喪哭泣甚哀。

二十二年丙午，先生十五歲，寓京師。

先生十五歲，遊居庸三關，慨然有經略四方之志。一日，夢謁伏波將軍廟，賦詩曰：「卷甲歸來馬伏波，早年兵法鬢毛皤。雲埋銅柱雷轟折，六字題文尚不磨。」時畿內石英、王勇、秦中石和尚、劉千斤俱作亂，屢欲獻書於朝。龍山公斥之爲狂，乃止。

孝宗弘治元年戊申，先生十七歲，在越。

七月，親迎夫人諸氏於洪都。

外舅諸公養和爲江西布政司參議，先生就官署委禽。合卺後，既釋衣，信步閒行，遂至鐵柱宮，見蜀中一道者靜坐，與語，説之，相對終宵。諸不知，遣人遍索城中，次早始得。

〇官署中蓄紙數篋，先生日取學書，比歸，數篋皆空，書法大進。先生嘗示學者曰：「吾始學書，對模古帖，止得字形。其後不輕落紙，凝思於心，久之始通其法。後讀明道先生有曰：『吾作字甚敬，非是要字好，只此是學。』夫既不要字好，果何學耶？」後與學者論格物，多舉此爲證。

二年己酉，先生十八歲，寓江西。

十二月，夫人諸氏歸餘姚。

是年，先生始慕聖學。先生以諸夫人歸，至廣信，謁婁一齋諒，語宋儒格物，且謂聖人必可學而至，遂深契之。明年，龍山公以外艱歸，命從弟冕、階、宮及妹婿牧相，與先生講析經義。先生日則業課，每夜搜取諸經子史讀之，多至夜分。四子見其文字大進，異之曰：「彼已游心舉業外矣。」先生故善謔，久乃悔之，端坐省言。四子未信，先生正色曰：「吾昔放逸，今知過矣。」自後四子亦漸斂容。

五年壬子，先生二十一歲，在越。

舉浙江鄉試。

是年塲中夜半見二巨人，各衣緋緑，東西立，自言曰：「三人好作事。」忽不見。已而先生與孫忠烈燧、胡尚書世寧同舉。其後宸濠之變，胡發其奸，孫死其難，先生平之，咸以爲奇驗。○始在京師，徧求考亭遺書讀之。因思先儒謂衆物必有表裏精粗，即一草一木，皆涵至理，不可不察。官署前多竹，乃取竹格之，苦求其理不得，病作而止，乃貶志爲辭章之習。明年春，會試下第，宰相李西涯東陽戲呼爲「來科狀元」，且曰：「試以吾言作賦。」先生懸筆立就。諸老驚曰：「天才、天才。」丙辰會試，竟爲忌者所抑。同舍有以不第爲耻者，先生慰之曰：「世以不得第爲耻，吾以不得第動心爲耻。」識者服之。

十年丁巳，先生二十六歲，寓京師。

是年，先生學兵法。當時邊報甚急，朝廷推舉將才，莫不惶遽。兼念武舉之設，僅得騎射搏擊之士，而不可以收韜略統馭之才。於是留情武事，凡兵家秘書，莫不精究。每遇賓宴，嘗聚果核列陣勢爲戲。

十一年戊午，先生二十七歲，寓京師。

是年，先生談養生。先生自念辭章藝能，既不足以通至道，求師友天下又不數遇，遑惑靡定。一日，讀晦翁上宋光宗疏，有曰：「居敬持志，爲讀書之本；循序致精，爲讀書之法。」乃悔前者未嘗循序致精，漸漬洽浹，然物理與吾心[一]，終判爲二。沉鬱既久，舊疾復作，偶遇道士談養生，遂有遺世入山之意。

十二年己未，先生二十八歲，在京師。

舉進士出身。

二月，會試，舉南宮第二人。廷試，賜二甲進士出身第七人，觀政工部。

疏陳邊務。

未第時，嘗夢王威寧以弓劍爲贈。至秋，遣造威寧公墳，既得細詢王用兵之詳，遂以什

[一] 然物理與吾心 「心」，底本訛作「必」，據天真本、全書本改。

伍法馭役夫，休食以時，速得畢事。其家以金帛謝，不受，比出威寧所佩寶劍，適與夢符，遂受之。是時星變，達虜猖獗，朝廷下詔求言，復命，上邊務八事，言極剴切。

十三年庚申，先生二十九歲，在京師。

授刑部雲南清吏司主事。

十四年辛酉，先生三十歲，在京師。

奉命審録江北。

先生録囚，多所平反。事竣，遂遊九華山，作遊九華賦，宿無相、化城諸寺。是時道者蔡蓬頭善談仙，待以客禮，請問。蔡曰：「尚未。」有頃，屏左右，引至後亭，再拜請問。蔡曰：「尚未。」問至再三，蔡曰：「汝後堂、後亭禮雖隆，終不忘官相。」一笑而別。聞地藏洞有異人，坐卧松毛，不火食，歷嵓險訪之，正熟睡，先生坐傍撫其足。有頃醒，驚曰：「路險，何得至此？」因論最上乘，曰：「周濂溪、程明道，是儒家兩箇好秀才。」

後再至，其人已它移，故後有「會心人遠」之歎。

十五年壬戌，先生三十一歲，在京師。

八月，疏請告。

是年，先生漸悟二氏之非。先是五月，復命，京中舊遊俱以古文相馳騁。先生嘆曰：「吾焉能以有限精神，爲無用之虛文耶！」遂告病歸，築室陽明洞中，行導引術。未幾，即前知。一日，友人王思輿等四人來訪，方出五雲門，先生僕已往迎，能道來蹟，衆驚異。久之，悟曰：「此簸弄精神，非道也。」又屏去。已而思離世累，惟祖母與龍山公在念。久之，又忽悟曰：「此念生于孩提，此念可去，斷滅種性矣。」明年，遂移疾錢塘西湖，復思用世。往來南屏、虎跑諸刹，有禪僧坐關三年，不語不視。先生喝之曰：「這和尚終日口巴巴說甚麽，終日眼睁睁看甚麽！」僧驚起，即開視對語。先生問其家，對曰：「有母在。」曰：「起念否？」對曰：「不能不起。」先生因指本性諭之，僧涕泣謝，明日遂返其家。

十七年甲子，先生三十三歲，在越。

秋，主考山東鄉試。

巡按山東監察御史陸偁聘主鄉試，試録皆出其手。策問議國朝禮樂之制，老佛害道，由於聖學不明，綱紀不振，由於名器太濫，用人太急，求效太速，及分封、清戎、禦夷、息訟，皆有成法。敘略有曰：「山東，古齊魯宋衛之地，而吾夫子之鄉也。嘗讀夫子家語，其門人高第，大抵皆出於齊魯宋衛之間，固願一至其地，以觀其山川之靈秀奇特，將必有如古人者生其間，而吾無從得之也。今年爲弘治甲子，天下當復大比，山東巡按監察御史陸偁輩，以禮與幣來，請守仁爲考試官，而守仁得以部屬來典試事於兹土。雖非其人，寧不自慶其遭際？又况夫子之鄉，固其平日所願一至焉者，而乃得以盡觀其所謂賢士者之文而考校之，豈非平生之大幸歟？雖然，亦竊有大懼焉。夫委重於考校，將以求才也。求才而心有不盡，是不忠也；心之盡矣，而真才之弗得，是弗明也。不忠之責，吾知盡吾心爾矣；不明之罪，吾終且柰何哉？蓋昔者夫子之時，及門之士嘗三千矣，身通六藝七十餘人。其尤卓然而顯者，德行言語，則有顔、閔、予、賜之徒；政事文學，則有由、求、游、夏之屬。今所取士，其始拔自提學陳某者，蓋三千有奇，而得千有四百，既而試之，得七十有五人焉。嗚呼！是三千有奇者，其皆夫子鄉人之後進而獲游於門墻者乎？是七十有五人者，其皆身通六藝者乎？夫今之山東，猶古之山東也。雖今之不逮於古，顧亦寧無一二人如昔賢者，而今之所取苟不與焉，豈非司考校者不明之罪歟？雖然，某於諸士亦願有言者。夫有其人而弗取，是誠司考校者不明之罪矣。司考校者以是求之，以是取之，而諸士之中，苟無其人焉以應其求，以不負其所取，是亦諸士者之耻也。雖然，予豈敢謂果無其人哉？夫子嘗曰：『魯無君子者，斯焉取斯？』顔淵曰：『舜何人也，予何人也？有爲者亦若是。』夫爲夫子之鄉人，苟未能如昔人焉，而不耻不若，又不知所以自勉，是自暴自棄也，其名不肖。夫不肖之與不明，其相去何遠乎？然則司考校者之與諸生，亦均有責焉耳矣。嗟夫！司考校者之責，自今不能以無懼，而不可以有爲矣。若夫諸士之責，其不能者猶可以自勉，而又懼其或以自畫也。諸士無亦曰：『吾其勖哉！無使司考校者終不免於不明也〔一〕。』斯無媿於是舉，無媿於夫子之鄉人也矣。」

九月，改兵部武選清吏司主事。

十八年乙丑，先生三十四歲，在京師。

是年，先生門人始進。學者溺於詞章記誦，不知身心之學爲何等。先生首倡言之，聞者興起。久之，有願執贄及門者，至是專志授徒。然師友之道久廢，咸目以爲立異好名，惟甘泉湛先生若水爲翰林庶吉士，一見定交，爲莫逆。

武宗正德元年丙寅，先生三十五歲，在京師。

二月，上封事，下詔獄，謫龍場驛驛丞。

〔一〕終不免於不明也　「免」，底本訛作「勉」，據全書卷二十二山東鄉試録序改。

武宗初政，奄瑾竊柄，南京科道戴銑、薄彦徽等以諫忤旨，逮繫獄。先生抗疏捄之，具言：「君仁臣直，銑等以言爲責，其言如善，自宜嘉納。如其未善，亦宜包容，以開忠讜之路。今赫然下令，遠事拘囚，在陛下不過少示懲創，非有意怒絶之也。下民無知，妄生疑懼，臣切惜之。自是而後，雖有上關宗社危疑不制之事，陛下孰從而聞之？陛下聰明超絶，苟念及此，寧不寒心？伏願追收前旨，使銑等仍舊供職，擴大公無我之仁，明改過不吝之勇，聖德昭布，遠邇人民胥悦，豈不休哉！」疏入，亦下詔獄，已而廷杖四十，既絶復甦，尋謫貴州龍場驛驛丞。獄中讀易：「囚居亦何事，省愆懼安飽。瞑坐玩羲易，洗心見微奥。乃知先天翁，畫畫有至教。包蒙戒爲寇，童牿事宜早。蹇蹇匪爲節，虩虩未違道。遯四獲我心，蠱上庸自保。俛仰天地間，觸目俱浩浩。簞瓢有餘樂，此意良匪矯。幽哉陽明麓，可以忘吾老。」別湛元明：「静虚匪虚寂，中有未發中。中有亦何有，無之即成空。無欲見真體，忘助皆非功。至哉玄化機，非子孰與窮？」答喬白巖：「毫釐何所辨，惟在公與私。公私何所辨，天動與人爲。遺體豈不貴，踐形乃無虧。願君崇德性，問學刊支離。毋爲氣所役，毋爲物所疑。恬澹自無欲，精專絶交馳。」夢抑之昆季：「起坐憶所夢，默遡猶歷歷。初談自有形，繼論入無極。無極生往來，往來萬化出。萬化無停機，往來何時息？來者胡爲信，往者胡爲屈？微哉屈信間，子午當其窟。非子盡精微，此理誰與測？何當衡廬間，相携玩羲易。」

二年丁卯，先生三十六歲，在越。

冬，赴龍場。

是夏至錢塘，瑾遣人隨偵。久之，微示以意，先生乃托言投江以脱之。因附商舟，欲遊舟山，偶遇颶大作〔一〕，一日夜至閩界。比登岸，巡海兵疑其狀，奔山徑數十里，扣一寺。寺故不納暮客，計將趁寺旁野廟，自入虎穴，且利其遺囊爲常。是夜，先生以饑疲熟寢香案下，夜半，虎遶廟大吼，不敢入。僧聞虎意快，旦往，見先生，以爲既死，杖其足試之，先生始醒。僧驚曰：「公非常人，不然，能伏虎乎？」邀至寺，寺有異人，嘗識于鐵柱宫，約二十年相見海上，至是出詩，有「二十年前曾見君，今來消息我先聞」之句。

〔一〕偶遇颶大作　天真本、全書本「颶」下有「風」字。

與論出處，且將遠遁，其人曰：「汝有親在，萬一瑾怒，逮爾父，誣以北走胡，南走粵，何以應之？」因爲蓍，得明夷，遂决策返。先生題詩壁間有曰：「險夷原不滯胸中，何異浮雲過太空。夜靜海濤三萬里，月明飛錫下天風。」乃取間道，遊武夷，出鉛山，訪上饒婁氏，助其歸。以龍山公官南京吏部尚書，往省。十二月，返錢塘，旋赴龍場。是時學者講授雖多，未見有承當者。先生妹婿徐曰仁，首納贄北面，奮然有志於聖學。是秋，愛與蔡宗兖、朱節同舉鄉試。先生作別三子序以贈之，略曰：「自程、朱諸大儒没，而師友之道遂亡，六經分裂於訓詁，支離蕪蔓於詞章舉業之習，聖學幾於息矣。有志之士，思起而興之，然卒徘徊咨嗟，逡巡而不振，因弛然自廢者，亦志之弗立，弗講於師友之道也。夫一人爲之，二人從而翼之，已而翼之者益衆焉，雖有難爲之事，其弗成者鮮矣。一人爲之，二人從而危之，已而危之者益衆焉，雖有易成之功，其克濟者亦鮮矣。故凡有志之士，必求助於師友。無師友之助者，志之弗立，弗求者也。自予始知學，即求師於天下，而莫予誨也。求友於天下，而與予者寡矣。又求同志之士，二三子之外，邈乎其寥寥也。殆予之志有未立耶？蓋自近年而又得蔡希顔、朱守中於山陰之白洋，得徐曰仁於餘姚之馬堰。希顏之深潛，守中之明敏，曰仁之温恭，皆予所不逮。三子者徒以一日之長，視予先輩，予亦居之弗辭。非能有加也，姑欲假三子而爲之證，遂忘其非有也。而三子者，亦姑欲假予而存師友之餼羊，不謂其不可也。當是時，其相與也亦渺乎難哉！」○徐愛同志考敘曰：「愛於丁卯夏，始得以家君命，執弟子禮，於時門下，亦莫予先者也。既而是秋，山陰蔡希顏、朱守中來學，鄉之興起始多，而先生已赴謫所矣。」○愛嘗問：「道心常爲一身之主而人心聽命，如何？」先生曰：「心，一也，未雜於人謂之道心，雜以人僞謂之人心。人心得其正者即道心，道心失其正者即人心，非有二也。程子謂『人心即人欲，道心即天理』，語若分析而意實盡。今謂道心爲主而人心聽命，是二心也。天理人欲不並立，安有天理爲主，人欲又從聽命者？」○武夷次壁間韻：「肩輿飛度萬峰雲，回首浪波月下聞。海上真爲滄水使，山中又遇武夷君。溪流九曲初諳路，精舍千年始及門。歸去高堂慰垂白，細探更擬在春分。」

三年戊辰，先生三十七歲，在貴陽。

春，至龍場。

是年，先生始悟格物致知。龍場在貴州西北萬山叢棘中，蛇虺魍魎，瘴厲蠱毒與居。夷人又皆鴃舌難語，可通語者，皆中土亡命。舊無屋，始教之範土架木以居。而瑾憾未已，自計得失榮辱，皆可超脫，惟生死一念尚未能遣，乃爲石墎以自誓。晝夜端居澄默，以求靜一，久之，胸中灑灑。而從者皆病，即自折薪汲水，烹糜飼之。既又恐其抑鬱，則與歌詩，又不悦，復調越曲，雜以詼笑，始能忘其爲疾病夷狄患難也。因念聖人當之，或有進於此者。忽中夜思格物致知之旨，若有語之者，寤寐中不覺叫呼踯躅，從者皆驚。自是始有大悟，乃嘿記五經證之，因著五經臆説。○夷俗多蠱，惡中土人輒害之。初，卜先生蠱神，神不許，命敬事之。於是夷人日來親狎，以所居湫濕，乃伐木搆龍岡書院及寅賓堂、何陋軒、君子亭、玩易窩以居之。先生何陋記有曰：「昔孔子欲居九夷，人以爲陋，孔子曰：『君子居之，何陋之有？』守仁以罪謫龍場，龍場，古夷蔡之外，於今爲要綏，而習類尚因其故。人皆以予自上國往，將陋其地，弗能居也，而予處之旬月，安而樂之，求其所謂甚陋者而莫得。獨其結題鳥言，山棲羝服，無軒裳宮室之觀，文儀揖讓之縟〔一〕，然此猶淳龐質素之遺焉。蓋古之時，法制未備則有然矣，不得以爲陋也。夫愛憎面背，亂白黝，浚奸窮黠，外良而中螫，諸夏蓋不免焉。若是而彬郁其容，宋甫魯掖，折旋矩矱，將無爲陋乎？夷之人迺不能此，其好言惡詈，直情率遂則有矣。世徒以其言辭物采之眇而陋之，吾不謂然也。始予至，無室以止，居於叢棘之間則鬱也。遷於東峰，就石穴而居之，又陰以濕。龍場之民，老稚日來視，喜不予陋，益予比。予嘗圃於叢棘之右，民謂予之樂之也，相與伐木閣之材，就其地爲軒以居予。予因而翳之以檜竹，蒔之以卉藥，列堂階，辨室奧，琴編圖史，講誦遊適之道略具。學士之來遊者，亦稍稍而集。於是人之及吾軒者，若觀於通都焉，而予亦忘予之居夷也。因名之曰『何陋』，以信孔子之言。嗟夫！諸夏之盛，其典章禮樂，歷聖修而傳之，夷不能有也，則謂之陋固宜。於後蔑道德而專法令，搜抉鉤縶之術窮，而狡匿譎詐，無所不至，渾朴盡矣。夷之民方若未琢之璞，未繩之木，雖粗礪頑梗，而椎斧尚有施也，安可以陋之，斯孔子所爲欲居也歟？」○思州人有侮於先生，諸夷不平，共毆辱之。守怒，言諸當道。

〔一〕文儀揖讓之縟 「儀」，底本訛作「義」，據全書卷二十三何陋軒記改。

毛憲副科令先生請謝，且諭以禍福。先生致書復之，守顧慚懼。〇水西安宣慰聞先生名，遺餽米肉、給使令，辭不受。既又重以金帛鞍馬，復不受。始，朝廷議設衛於水西，既置城傳而中止。安惡其漸，欲去之，以問先生。先生折其不可，遂寢。已而宋氏酋長有阿賈、阿札叛爲患，先生復以書諷安曰：「阿賈、阿札等畔宋氏，爲地方患。傳者謂使君使之，此雖或出於妬媢之口，然阿賈等自言，使君嘗錫之以氈刀，遺之以弓弩。雖無其心，不幸乃有其迹矣。始三堂兩司得是説，即欲聞之於朝，既而以使君平日忠實之故，未必有是，且信且疑，姑令使君討賊。苟遂出軍剿撲，則傳聞皆妄，何可以濫及忠良？其或坐觀逗遛，徐議可否，亦未爲晚。故且隱忍其議，所以待使君者甚厚。既而文移三至，使君始出，衆論紛紛，疑者將信。喧騰之際，適會左右來獻阿麻之首[一]，偏師出解洪邊之圍，群公又復徐徐。今又三月餘矣，使君稱疾歸卧，諸軍以次潛回，其間分屯寨堡者，不聞擒斬以宣國威，惟增剽掠以重民怨，衆情愈益不平。而使君之民罔所知識，方揚言於人，謂宋氏之難，當使宋氏自平，安氏何與而反爲之役？我安氏連地千里，擁衆

[一] 適會左右來獻阿麻之首　「來」，底本訛作「求」，據全書卷二十一與安宣尉三改。

四十八萬，深坑絶坉，飛鳥不能越，猿猱不能攀。縱遂高坐，不爲宋氏出一卒，人亦卒如我何？斯言已稍稍傳播，不知三堂兩司已嘗聞之否，使君誠久卧不出，安氏之禍必自斯言始矣。使君與宋氏同守土，而使君爲之長，地方變亂，皆守土者之罪，使君能獨委之宋氏乎？夫連地千里，孰與中土之一大郡？擁衆四十八萬，孰與中土之一都司？深坑絶坉，安氏有之，然如安氏者，環四面而居以百數也。今播州有楊愛，愷黎有楊友，酉陽、保靖有彭世麒等諸人。斯言苟聞於朝，朝廷下片紙於楊愛諸人，使各自爲戰，共分安氏之所有，蓋朝令而夕無安氏矣。深坑絶坉，何所用其險，使君可寒心乎[一]？且安氏之職，四十八支更迭而爲，今使君獨傳者三世，而群支莫敢爭，以朝廷之命也。苟有可乘之釁，孰不欲起而伐之乎[二]？然則揚此言於外以速安氏之禍者，殆漁人之計，蕭墻之憂，未可測也。使君宜速出軍，平定反側，破衆讒之口，息多端之議，弭方興之變，絶難測之禍，補既往之愆，要將來之福。某非爲人作説客者，使君幸熟思之。」安悚然，率所部平之。

[一] 使君可寒心乎 全書卷二十一與安宣尉三「可」下有「無」字。
[二] 孰不欲起而伐之乎 「伐」，全書卷二十一與安宣尉三作「代」。

○有問僊術者，先生答之曰：「詢及神僊有無，兼請其事，三至而不答，非不欲答也，無可答耳。昨令弟來，必欲得之。僕誠生八歲而即好其説，今已餘三十年矣。齒漸摇動，髮已有一二莖變化成白，目光僅盈尺，聲聞函丈之外，又常經月卧病不出，藥裹驟進，此殆其效也。而相知猶妄謂之能得其道，足下又妄聽之而以見詢，不得已，姑爲足下妄言之。古有至人，淳德凝道，和於陰陽，調於四時，去世離俗，積精全神，遊行天地之間[一]，視聽八紘之外。若廣成子之千五百歲而不衰，李伯陽歷商、周之代，西度函谷，亦嘗有之。若是而謂之曰無，疑於欺子矣。然其呼吸動静，與道爲體，精骨完久，禀於受氣之始，此殆天之所成，非人力可强也。若後世拔宅飛昇，點化投奪之類，譎恠奇駭，是乃秘術曲技，尹文子所謂幻，釋氏謂之外道者也。若是而謂之曰有，亦疑於欺子矣。夫有無之間，非言語可辨况[二]，存久而明，養深而厚得之，未至而强喻，信亦未必能及也。蓋吾儒亦自有神僊之道，顔子三十二卒，至今未亡也。足下能信之乎？後世上陽

[一] 遊行天地之間　「遊」，底本訛作「道」，據全書卷二十一答人問神仙改。
[二] 非言語可辨况　全書卷二十一答人問神仙原文無「辨」字。

子之流，蓋方外技術之士，未可以爲道。若達磨、慧能之徒，則庶幾近之矣，然而未易言也。足下欲聞其説，須退處山林三十年，全耳目，一心志，胸中灑灑，不掛一塵，而後可以言此。今去僊道尚遠也，妄言不罪。」

四年己巳，先生三十八歲，在貴陽。

提學副使席書聘主貴陽書院。

是年，先生始悟知行合一。始，席元山書提督學政，問朱、陸同異之辨。先生不答而告以所悟，元山懷疑去。明日復來，證之五經諸子，漸覺有省。繼是往復數四，乃豁然大悟，謂聖人之學復覩於今。朱、陸異同，各有得失，無事辨詰。遂與毛憲副修葺書院，身率貴陽諸生，以所事師禮事之。〇後徐愛因未會先生「知行合一」之訓，決於先生。先生曰：「試舉看。」愛曰：「如今人儘有知得父當孝，兄當弟，却不能孝不能弟，便是知與行分明是兩件。」先生曰：「此已被私欲隔斷矣。聖賢教人知行，正是要復那本體，不是着你只恁的便罷。故大學指箇真知行與人看，説『如好好色，如惡惡臭』。見好色屬知，好好色屬行，只見那好色時，已自好了，不是見了後又立箇心去好。聞惡臭屬知，惡惡臭屬行，只聞那惡臭時，已自惡了，不是聞了後別立箇心去惡。就如稱某人知孝，某人知弟，必是其人已曾行孝行弟，方可稱他知孝知弟。又如知痛，必已自痛了方知痛；知寒，必已自寒了方知寒。此便是知行的本體。不然，只是不曾知。此却是何等緊切着實的工夫。」愛曰：「古人說知行做兩箇，亦是要人見箇分曉，即工夫始有下落。」先生曰：「此却失了古人宗旨也。某嘗說知是行的主意，行實知的功夫，知是行之始，行實知之成。若會得時，只說一箇知，已自有行在。古人所以既說一箇知，又說一箇行，只爲世間有一種人，懵懵懂懂的任意去做，全不解思惟省察，也只是箇冥行妄作，所以必說箇知，方纔行得是。又有一種人，茫茫蕩蕩懸空去思索，全不肯着實躬行，也只是箇揣摸影響，所以必說一箇行，方纔知得真。此是古人不得已補偏救弊的說話。若見得這箇意時，即一言而足。今人却就將知行分作兩件去做，以爲必先知了然後能行。我如今且去講習討論，做知的工夫，待知得真了，方去做行的工夫。故遂終身不行，亦遂終身不知。此不是小病，其來已非一日矣。某今說箇知行合一，正是對病的藥。又不是某鑿空杜撰，知行本體原是如此。今若知得宗旨時，即說兩箇亦不妨亦只是一箇。若不會宗旨，便說做一箇，亦濟得甚事？只是閒說話。」○書院舊有妖，守者以告。先生藏燈按劍，坐後堂，將二鼓，黑氣撞門入，拔劍腰斬之，血淋淋，踰墻大喊去，妖遂息。

五年庚午，先生三十九歲，在吉。

陞廬陵縣知縣。

先生往過常德、辰州，隨地講授，及歸，見冀元亨、蔣信、劉觀時輩俱能卓立，喜甚。且曰謫居兩年，與貴陽諸士論知行異同，紛紛辨詰，若無所入。兹來乃與諸生靜坐僧寺，使自悟性體，顧恍恍若有可即者。途中書曰：「前在寺中所云靜坐事，非欲坐禪入定也。蓋因吾輩平日爲事物紛拏，未知爲己，欲以此補小學收放心一段功夫。明道云：『纔學，便須知有用力處；既學，便須知有得力處。』諸友宜於此處着力，方有進步，異時始有得力處也。」又曰：「絶學之餘，求道者少，一齊衆楚，最易摇奪，自非豪傑，鮮有卓然不變者。諸友宜相砥礪夾持，務期有成。近世士夫亦有稍知求道者，皆因實德未成，而先揭標榜以來世俗之謗，是以往往隳墮無立，反爲斯道之梗。諸友宜以是爲鑒，刊落聲華，務於切己處着實用力。」○霽夜：「雨霽僧堂鐘磬清，春溪月色特分明。沙邊宿鷺寒無影，洞口流雲夜有聲。靜後始知群動妄，閒來還覺道心驚。問津久矣慚沮溺，歸向東皋學耦耕。」睡起寫懷：「紅日熙熙春睡醒，江雲飛盡楚山青。閒觀物態皆生意，靜悟天機入窅冥。道在險夷隨地樂，心忘魚鳥自流形。未須更覓羲黃事，一曲滄浪擊壤聽。」再過濂溪祠用前韻：「曾向圖書識面真，半生長自愧儒巾。斯文久已無先覺，聖世今應有逸民。一自支離乖學術，競將雕刻費精神。瞻依多少高山意，水漫蓮池長綠蘋。」

三月至廬陵。

先生爲政不事刑威，惟以開導人心爲本。莅任初，首詢里役，察各鄉貧富奸良之實而低昂之。獄牒盈庭，不即斷射，稽舊制，慎選里正、三老，坐申明亭，使之委曲勸諭勝氣囂訟之非，至有泣而歸者，由是囹圄日清。在縣七閱月，所遺告示十有六，大抵諄諄慰父老，使教子弟，無令蕩僻。城中失火，身禱返風，教民歃血禳火，至今行之。因闢城中火巷若干，定水次兑運，絶鎮守横征。俗尚鬼，民遇社日，多苦借辦，力禁止之。其保甲、驛遞，無不周慮，後數十年猶踵行之。

冬，入覲。

先生入京，館於大興隆寺，時黄宗賢綰爲後軍都督府都事，因儲柴墟巏請見。先生與之語，喜曰：「此學久絶，子何所聞？」對曰：「雖粗有志，實未用力。」先生曰：「人惟患無志，不患無功。」明日，引見甘泉，訂與終身共學。後嘉靖壬午春，聞先生「致良知」之旨，大加歎服，復執贄稱門人。

十二月，陞南京刑部四川清吏司主事。

先生與宗賢及應原忠良論學聖者必須廓清心體，使纖翳不留，真性始見，方有操持涵養之地。原忠疑其難。先生曰：「聖人之心如明鏡，纖翳自無所容，自不消磨刮。若常人之心，如班垢駁蝕之鏡，須痛加刮磨一番，盡去駁蝕，然後纖塵即見，纔拂便去，亦不消費力。到此已是識得仁體矣。若駁蝕未去，其間固自有一點明處，塵埃之落，固亦見得，纔拂便去，至於堆積於駁蝕之上，終弗之能見也。此學利困勉之所由異，幸勿以爲煩難而疑之也。凡人情好易而惡難，其間亦自有私意氣習纏蔽在，識破後，自然不見其難矣。古之人至有出萬死而樂爲之者，亦見得耳。向時未見得裏面意思，此功夫自無可講處。今已見此一層，却恐好易惡難，便流入禪釋去也。」○別方叔賢：「休論寂寂與惺惺，不妄由來即性情。却笑殷勤諸老子，翻從知見覓虛靈。」

六年辛未，先生四十歲，在京師。

正月，調吏部驗封清吏司主事。

王輿菴某讀象山書有契，與徐成之論辨不決。先生曰：「是朱非陸，天下論定久矣，久則難變也。雖微成之之爭，輿菴亦豈能遽行其說乎？」成之謂先生漫爲含糊兩解，若有以陰助輿菴而爲之地者。先生以書解之曰：「輿菴是象山，而謂其專以尊德性爲主。今觀象山文集所載，未嘗不教其徒讀書，而自謂理會文字頗與人異者，則其意實欲體之於身。其亟所稱述以誨人者，曰『居處恭，執事敬，與人忠』，曰『克己復禮』，曰『萬物皆備於我，反身而誠，樂莫大焉』，曰『學問之道無他，求其放心而已』，曰『先立乎其大者，而小者不能奪』。是數言者，孔子、孟軻之言也，烏在其爲空虚乎？獨其易簡、覺悟之説，頗爲當時所疑。然易簡之説出於繫辭，覺悟之説雖有同於釋氏，然釋氏之説亦自有同於吾儒，而不害其爲異者，惟在於幾微毫忽之間而已。亦何必諱於其同而遂不敢以言，狃於其異而遂不以察之乎？是輿菴之是象山，固猶未盡其所以是也。吾兄是晦菴，而謂其專以道問學爲事。然晦菴之言曰『居敬窮理』，曰『非存心無以致知』，曰『君子之心，常存敬畏。雖不見聞，亦不敢忽，所以存天理之本然，而不使離於須臾之頃也』。是其爲言雖未盡瑩，亦何嘗不以尊德性爲事，而又烏在其爲支離乎？獨其平日汲汲於訓解，雖韓文、楚詞、陰符、參同之屬，亦必與之註釋考辨，而論者遂疑其玩物。又疑其心慮恐學者之躐等〔一〕，而或失之於妄作，使必先之以格致而無不明，然後有以實之於誠正而無所謬。世之學者掛一漏萬，求之愈繁而失之愈遠，至有敝力終身，苦其難而卒無所入，而遂議其支離。不知此乃後世學者之弊，而當時晦菴之自爲，則亦豈至是乎？

〔一〕又疑其心慮恐學者之躐等　天真本以及全書卷二十一答徐成之二皆無「疑」字。

是吾兄之是晦菴，固猶未盡其所以是也。夫二兄之所信而是者，既未盡其所以是，則其所疑而非者，亦豈必盡其所以非乎？僕嘗以爲晦菴之與象山，雖其所以爲學者若有不同，而要皆不失爲聖人之徒。今晦菴之學，天下之人童而習之，既已入人之深，有不容於論辨者，而獨惟象山之學，則以其嘗與晦菴之有言，而遂藩籬之。使若由、賜之殊科焉，則可矣，而遂擯放廢斥，若碔砆之與美玉，則豈不過甚矣乎？故僕嘗欲冒天下之譏，以爲象山一暴其説，雖以此得罪無恨。晦菴之學，既已章明於天下，而象山獨蒙無實之誣，于今且四百年，莫有爲之一洗者，使晦菴有知，將亦不能安享於廟廡之間矣。此僕之至情，終亦必爲吾兄一吐者，亦何肯漫爲兩解之説，以陰助於輿菴已乎？」

二月，會試，爲同考試官。

吏部郎中方叔賢獻夫位在先生上，比聞論學，遂執贄納拜，事以師禮。是冬，告病歸西樵，先生爲序別之。略曰：「予與叔賢處二年，見叔賢之學凡三變：始而尚辭章，再變而講説，又再變而慨然有志聖人之道。方其辭章之尚，於予若冰炭焉；講説矣，則違合者半；

及其有志聖人之道，而沛然與予同趣。將遂去之西樵，以成其志，叔賢亦可謂善變矣。」

○答汪石潭俊書曰：「夫喜怒哀樂，情也。既曰不可謂非發矣，喜怒哀樂之未發，則是指其本體而言性也。斯言自子思，非程子而始有，執事既不以爲然，則當自子思中庸始矣。喜怒哀樂之與思、與知覺，皆心之所發。心統性情。性，心體也；情，心用也。程子云：『心一也。有指體而言者，寂然不動是也；有指用而言者，感而遂通是也。』斯言既無以加矣，執事姑求之體用之說。夫體用一源也，知體之所以爲用，則知用之所以爲體者矣。雖然，體微而難知也，用顯而易見也。執事之云，不亦宜乎？夫謂自朝至暮，未嘗有寂然不動之時者，是見其用，而不得其所謂體也。君子之於學也，因用以求其體。凡程子所謂『既思即是已發，既有知覺即是動』者，皆爲求中於喜怒哀樂未發之時者言也，非謂其無發者也〔一〕。朱子於未發之說，其始亦嘗疑之。今其集中所與南軒論難辨析者，蓋往復數十而後決其說，則今之中庸註疏是也。其於此亦非苟矣。獨其所謂『自戒懼而約之，以至於至靜之中；自謹獨而精之，以至於應物之處』者，亦若過於剖析。而後之

〔一〕非謂其無發者也　全書卷四答汪石潭内翰「發」上有「未」字。

讀者，遂以分爲兩節，而疑其別有寂然不動，靜而存養之時。不知常存戒慎恐懼之心，則其工夫未始有一息之間，非必自其不睹不聞而存養也。吾兄且於動處加工，勿使間斷，動無不和，即靜無不中，而所謂寂然不動之體，當自知之矣。未至而揣度之，終不免於對塔說相輪耳。」○答王虎谷雲鳳書曰：「弘毅之說，極是。但云『既不可以棄去，又不可以減輕，既不可以住歇，又不可以不至』，則是猶有不得已之意也。不得已之意，與自有不能已者，尚隔一層。程子云：『知之而至，則循理爲樂，不循理爲不樂。』自有不能已者，循理爲樂者也。非真知性者，未易及此，知性則知仁矣。仁，人心也，體本自弘毅。不弘者，蔽之也；不毅者，累之也。故燭理明，私欲自不能蔽累；私欲不能蔽累，則自無不弘毅矣。」○是年，作徐昌國墓誌有曰：「始，昌國與李夢陽、何景明數子友，相與砥礪於辭章，既殫力精思，傑然有立矣。一日諷道書，若有所得，嘆曰：『弊精於無益，而忘其軀之斃也，可謂知乎？巧辭以希俗，而捐其親之遺也，可謂仁乎？』於是習養生。有道士自西南來，昌國與語，悦之，遂究心玄虛，益與世泊，自謂長生可必至。正德庚午冬，陽明王守仁至京師，守仁故善數子，而亦嘗没溺於僊釋。昌國喜馳往省，與論攝形化氣之術。當是時，增城湛元明在坐，與昌國言不協，意沮去。異日復來，論如初，守仁笑而不應。因留宿，曰：『吾授異人五金八石之秘，服之沖舉可得也，子且謂何？』守仁復笑而不應。迺曰：『吾隳黜吾昔而游心高玄，塞兑斂華而靈株是固，斯亦去之競競於世遠矣，而子猶余拒然，何也？』守仁復笑而不應。於是默然者久之，曰：『子以予爲非邪？抑又有所秘邪？夫居有者不足以超無，踐器者非所以融道。吾將去知故，而宅於埃壒之表，子其語我乎？』守仁曰：『謂吾爲有秘，道固無形也。謂吾謂子非，子未吾是也。雖然，試言之。夫去有以超無，無將奚超矣？外器以融道，道器爲偶矣。而固未嘗超乎？而故未嘗融乎？夫盈虛消息，皆命也；纖巨內外，皆性也；隱微寂感，皆心也。存心盡性，順命而已矣，而奚所趨舍於其間乎？』昌國首肯，良久曰：『沖舉有諸？』守仁曰：『盡鳶之性者，可以沖於天矣；盡魚之性者，可以泳於川矣。』曰：『然則有之。』曰：『盡人之性者，可以知化育矣。』昌國俛而思，蹶然而起，曰：『命之矣。吾且爲萌甲，吾且爲流澌，子其煦然屬我以陽春哉！』數日復來謝曰：『道果在是，而奚以外求，吾不遇子，幾亡人矣。然吾疾且作，懼不足以致遠，則何如？』守仁曰：『悸乎？』曰：『生，寄也；死，歸也，何悸？』津津然既有志於斯，已而不見者踰月，忽有人來訃，昌國逝矣。王、湛二子馳往哭盡哀。因商其家事[一]，其長子伯虬言昌國垂歿，整衽端坐，託徐子容以後事，子容泣，昌國笑曰：『常事耳。』謂伯虬曰：『墓銘其請諸陽明。』氣益微，以指畫伯虬掌，作『冥冥漠漠』四字，餘遂不可辨，而神志不亂。嗚呼！吾未竟吾說以時昌國之及，而昌國之及乃止於是[二]，吾則有憾焉。」

十月，陞文選清吏司員外郎。

先是先生陞南都，甘泉與黃宗賢言於冢宰楊邃菴一清，改留吏部。職事之暇，得遂講聚，方期各相砥切，飲食啓處必共之。至是，甘泉出使安南將行[三]，先生懼聖學難明而易惑，人生別易而難會也，乃爲文以贈。曰：「顏子没而聖人之學亡，曾子『唯』『一貫』之旨，傳之孟軻，絕又二千餘年而周、程續。自是而後，言益詳，道益晦，析理益精，學益支離

[一] 因商其家事　「商」，底本訛作「傷」，據全書卷二十五徐昌國墓誌改。
[二] 而昌國之及乃止於是　全書卷二十五徐昌國墓誌原文無「之及」二字。
[三] 安南　底本訛作「南安」，據天真本、全書本乙正。

無本，而事於外者益繁以難。蓋孟氏患楊墨，周程之際，釋老大行。今世學者，皆知尊孔孟，賤楊墨，擯釋老，聖人之道若大明於時，然吾從而求之，聖人不得而見之矣。其能有若墨氏之兼愛者乎？其能有若楊氏之爲我者乎？其能有若老氏之清淨自守、釋氏之究心性命者乎？吾何以楊墨老釋之思哉？彼於聖人之道異，然猶有自得也。而世之學者，章繪句琢以誇俗，詭心色取，相飾以僞，謂聖人之道勞苦無功，非復人之所可爲，而徒取辨於言詞之間。古之人有終身不能究者，今吾皆能言其略，自以爲若是亦足矣，而聖人之學遂廢。則今之所大患者，豈非記誦詞章之習，而弊之所從來，無亦言之太詳，析之太精者之過歟？夫楊墨老釋，學仁義，求性命，不得其道而偏焉。固非若今之學者，以仁義爲不可學，性命之爲無益也。居今之時，而有學仁義，求性命，外記誦詞章而不爲者，雖其陷于楊墨老釋之偏，吾猶且以爲賢，彼其心猶求以自得也。夫求以自得，而後可與之言學聖人之道。某幼不問學，陷溺於邪僻者二十年，而始究心於老釋，賴天之靈，因有所覺，始乃沿周程之説求之，而若有得焉。顧一二同志之外，莫予翼也，岌岌乎仆而復興矣。晚得友於甘泉湛子，而後吾之志益堅，毅然若不可遏，則予之資于甘泉多矣。甘泉之學，務求自得者也。世未之能知，其知者且疑其爲禪。誠禪也，吾猶未得而見，而況其所志卓爾若此，則如甘泉者，非聖人之徒歟，多言又烏足病也？夫多言不足以病甘泉，與甘泉之不爲多言病也，吾信之。吾與甘泉有意之所在，不言而會；論之所及，不約而同；期於斯道，斃而後已者。今日之别，吾容無言？夫惟聖人之學難明而易惑，習俗之降，愈下而益不可回，任重道遠，雖已無俟於言，顧復於吾心，若有不容已也，則甘泉亦豈以予言爲綴乎？」

七年壬申，先生四十一歲，在京師。

三月，陞考功清吏司郎中。

同志考中，是年穆孔暉、冀元亨、顧應祥、鄭一初、方獻科、王道、梁穀、萬潮、陳鼎、唐鵬、路迎、孫瑚、魏廷霖、蕭鳴鳳、林達、陳洸及黄綰、應良、朱節、蔡宗兖、徐愛同受業。〇王道，字純甫，以進士爲應天府學教授，先生贈序爲别。比莅任，上下多不協，先生以金爲譬，使之動心忍性，以大其所受。又自咎平日，每有傲視行輩，輕忽世故之心，受謫龍場，備歷難阻，始信孟子「生于憂患」之言，誠非欺我也。道見書，意不懌，及道以書辨學，先生謂「純甫之問，辭則謙下，而意實自以爲是」，復書喻之。後曰仁至京，詳發師旨，始釋然。先生曰：「近見與曰仁書，貶損益至，三復赧然。夫趨向同而論學異，不害其爲同也；趨向異而論學同，不害其爲異也。不能積誠反躬而徒騰口說，此僕往年之罪，純甫何尤乎？」○答儲柴墟書曰：「吾兄以僕於今之公卿，若某之賢者，則稱謂以友生；若某與某之賢不及某者，則稱謂以侍生；豈以矯時俗炎凉之弊？非也。夫彼可以爲吾友，而吾可以友之，彼又吾友也，吾安得而弗友之？彼不可以爲吾友，而吾不可以友之，彼又不吾友也，吾安得而友之？夫友也者，以道也，以德也。天下莫大於道，莫貴於德，道德之所在，齒與位不得而干焉，僕於某之謂矣。彼其無道與德，而徒有其貴與齒也，則亦貴齒之而已。然若此者，與之見亦寡矣，非以事相臨，不往見也。若此者，與凡交游之隨俗以侍生而來者，亦隨俗而侍生之，所謂事之無害於義者，從俗可也。千乘之君，求與之友而不可得，非在我有所不屑乎？嗟乎！友未易言也。今之所謂友，或以藝同，或以事合，狥名逐勢，非吾所謂輔仁之友矣。仁者，心之德，人而不仁，不可以爲人，輔仁，求以全心德也，如是而後友。今特以技藝文辭之工[一]，地勢聲翼之重，而鶩然欲以友乎賢者，賢者弗與也。孟子曰『友也者，不可以有挾。孟獻子之友五人，無獻子之家者也』，曾以貴賤乎？仲由少顔路三歲，回、由之贈處，蓋友也。回與曾點同時，參曰『昔者吾友』，曾以少長乎？吾兄又以僕於後進之來，其質美而才者，多以先後輩相處，其庸下者，反待以客禮，疑僕別有一道。是道也，奚有於別？凡後進之來，其才者皆有意於斯道者也，吾安得不以斯道處之？其庸下者，不過世俗泛然一接，吾亦世俗泛然待之，如鄉人而已。昔伊川初與呂希哲爲同舍友，待之友也；既而希哲師事伊川，待之弟子也；謂敬於同舍而慢於弟子，可乎？孔子待陽貨以大夫，待回、賜以弟子，謂待回、賜不若陽貨，可乎？師友道廢，務以虛禮取悦於後進。僕嘗以爲世有周、程諸君子，則吾固得而執弟子之役，乃大幸矣。其次有周、程之高弟焉，吾猶得而私淑也，不幸世又無是人。不以責之己，不以求輔於人，而待之不以誠，終亦必無所成而已耳。僕於今之後進，非敢以師道自處也，將求其聰明特達者，與之講明，因以自輔也。彼自以後進

[一] 今特以技藝文辭之工 「技」，底本訛作「拔」，據全書卷二十一答儲柴墟改。

求正於我，雖不師事我，固有先後輩之道焉。伊川瞑目而坐，游、楊侍立不敢去，重道也。傳曰：『師嚴，然後道尊；道尊，然後民知敬學。』夫人必有所嚴憚，然後言之而聽之也審，施之而承之也肅。凡若此者，皆求以明道，皆循理而行，非有容私於其間也。」

○與王道書曰：「汪景顔近亦出宰大名，臨行請益。某告以變化氣質，居常無所見，惟當利害，經變故，遭屈辱，平時憤怒者，到此能不憤怒；憂惶失措者，到此能不憂惶失措；始是能有得力處，亦便是用力處。天下事雖萬變，吾所以應之，不出乎喜怒哀樂四者。此爲學之要，而爲政亦在其中矣。」

十二月，陞南京太僕寺少卿，便道歸省。

先生舟中與愛論大學宗旨，踴躍痛快，自謂：「舊説汩没，始聞先生之教，實駭愕不定，無入頭處。其後聞之既久，漸知反身實踐，然後始信先生之學爲孔門嫡傳，舍是皆傍蹊小徑、斷港絶河矣。如説格物是誠意功夫，明善是誠身功夫，窮理是盡性功夫，道問學是尊德性功夫，博文是約禮功夫，惟精是惟一功夫，諸如此類，皆落落難合，其後思之既久，不覺手舞足蹈。」○是年，曰仁以祁州知州考滿，陞南京工部員外，故得同舟。先生以全與，曰仁以全受，蓋得於反躬實踐，一信而不回也。後先生論學每至入微處，必曰「斯意惟與曰仁舟中及之」。

八年癸酉，先生四十二歲，在越。

二月至越。

先生初計，至家即與曰仁同遊台、蕩，不果。五月終，與曰仁數友，從上虞入四明，觀白水，尋龍溪源，登杖錫，至雪竇，上千丈岩，望天姥、華頂。欲遂取道赤城，適久旱，山田盡龜裂，慘然不樂，遂自寧波還餘姚。宗賢以書迎先生，復曰：「此行，相從諸友亦微有所得，然無大發明。其最所歉然，宗賢不同兹行耳。後輩習氣已深，雖有美質，亦漸消盡[一]。此事正如淘沙，會有見金時，但目下未可必得耳。」先生點化同志，多在登遊山水間。

[一] 亦漸消盡 底本「消」下衍一「不」字，據天真本、全書本删。

冬十月，至滁州。

滁州山水佳勝，先生督馬政，地僻官閒，日與門人遊遨瑯琊、瀼泉間。月夕，則環龍潭而坐者數百人，歌聲振谷。諸生隨地請正，故從遊之衆自滁始。○孟源問：「靜坐中思慮紛雜，不能强禁絶。」先生曰：「紛雜思慮，亦强禁絶不得。只就思慮萌動處省察克治，到天理精明後，有箇物各付物的意思，自然精專，無紛雜之念。大學所謂知止而後有定，此也。」與王道書曰：「純甫平日徒知存心之説，而未嘗加克治之功，故未能動靜合一，而遇事輒有紛擾之患。今乃能推究若此，必已漸悟往日之墮空虛矣。故曰純甫近來用功得力處在此，然已失之支離外馳而不覺矣。夫心主於身，性具于心，善原于性，孟子之言性善是也。善即吾之性，無形體可指，無方所可定，夫豈自爲一物，可從何處得來者乎？故曰受病處亦在此。純甫之意，蓋未察夫聖門之實學，而尚狃於後世之訓詁，以爲事事物物各有至善，必須從事事物物求箇至善，而後謂之明善，故有原從何處得來，今在何處之語。純甫之心，殆亦疑我之或墮于空虛也。夫在物爲理，處物爲義，在性爲善，因所指而異其名，實皆吾之心也。心外無事，心外無理，心外無義，心外無善。吾心之處事物[一]，純乎理而無人僞之雜謂之善，非在事物有定所之可求也。處物爲義，是吾心之得其宜也，義非在外可襲而取也。格者，格此也；致者，致此也。必曰事事物物上求箇至善，是離而二之也。伊川所云『纔明彼，即曉此』，是猶謂之二。性無彼此，理無彼此，善無彼此也。純甫所謂『明之之功當何如，入頭處當何如，與誠身有先後次第否，誠是誠箇甚的』，純甫之意，必以明善自有明善之功，誠身自有誠身之功。若區區之意，則以明善爲誠身之功也。夫誠者，無妄之謂；誠身之誠，則欲其無妄之謂；誠之之功，則明善也。非明善之外，別有所謂誠身之功。誠身之始，身猶未誠也[二]，故謂之明善。明善之極，則身誠矣。若謂自有明善之功，又有誠身之功，是離而二之也，難乎免於毫釐千里之謬矣。」答朱汝德用韻：「東去蓬瀛合有津，若爲風雨動經旬。同來海岸登舟者，俱是塵寰欲渡人。弱水洪濤非世險，長年三老定誰真。青鸞眇眇無消息，悵望煙波又暮春。」送蔡希顔：「何事憧憧南北行，望雲依闕兩關情。風塵暫息滁陽駕，鷗鷺還

[一] 吾心之處事物　「吾」，底本訛作「無」，據全書卷四與王純甫二改

[二] 身猶未誠也　「誠」，底本訛作「成」，據全書卷四與王純甫二改。

尋鑑水盟。悟後六經無一字，靜餘孤月湛虛明。從知歸路多相憶，伐木丁丁春鳥鳴。」

九年甲戌，先生四十三歲，在滁。

四月，陞南京鴻臚寺卿。

滁陽諸友送至烏衣，不能別，留居江浦，候先生渡江。先生以詩促之歸曰：「滁之水，入江流，江潮日復來滁州。相思若潮水，來往何時休？空相思，亦何益？欲慰相思情，不如崇令德。掘地見泉水，隨處無弗得。何必驅馳爲，千里遠相即？君不見堯羹與舜墻，又不見孔與跖，對面不相識。逆旅主人多慇懃，出門轉盻成路人。」

五月，至南京。

自徐愛來南都，同志日親。黃宗明、薛侃、馬明衡、陸澄、季本、許相卿、王激、諸偁、林達、張寰、唐愈賢、饒文壁、劉觀時、鄭騮、周積、郭慶、欒惠、劉曉、何鰲、陳傑、楊杓〔一〕、白悅、彭一之、朱箎輩，同受業。客有道滁游學之士，多放言高論，亦有漸背師教者。先生曰：「吾欲懲末俗卑污，引接學者，多就高明一路，以救時弊。今見學者漸有流入空虛，爲脱落新奇之論，吾已悔之矣。故南畿論學，只教學者存天理，去人欲，爲省察克治實功。」○王嘉秀、蕭惠好談仙佛。先生嘗以警之曰：「吾幼篤志二氏，自謂既有所得，其後居夷三載，見得聖人之道，簡易廣大，始自嘆悔，錯用了三十餘年氣力。大抵二氏之學，其妙與聖人只有毫釐之間。汝今所學，乃其土苴，輒自信自好，直鴟鴞竊腐鼠耳。」惠請二氏之妙。先生曰：「向汝説聖人之學易簡廣大，汝却不問我悟的，只問我悔的。」惠慚謝，請問聖人之道。先生曰：「汝今又見了人事問，待汝辦箇真要求爲聖人的心來，與汝説。」惠再三請。先生曰：「向汝一句道盡，汝自不會。」

○又嘗與宗賢書曰：「近與朋友論學，惟説立誠二字。殺人須就咽喉上著刀，爲學當從心髓入微處用力，自然篤實光輝。雖私欲之萌，真是紅爐點雪，天下之大本立矣。若就標末粧綴比擬，凡平日所謂學問思辨，適爲長傲遂非之資，自以爲進於高明光大，而不

〔一〕楊杓　天真本作「楊礿」。

知陷於狼戾險嫉，誠可哀也已。」○又與陸澄書曰：「義理無定在，無窮盡，吾與子言，不可以少有得而遂足也。再言之十年、二十年、五十年，未有止也。」他日又曰：「堯舜之上善無盡，桀紂之下惡無盡。使桀紂未死，惡寧止此乎？若善有盡時，文王何以望道而未之見？」○又問：「知識不長進，如何？」先生曰：「爲學須有本原，從本原上用力，漸漸盈科而進。仙家說嬰兒，亦善譬。嬰兒在母腹時，只是純氣，有何知識？出胎後方始能啼，既而能笑，又既而能認識父母兄弟，又既而能立能行、能持能負，卒乃天下之事無不可能，不是出胎日便講求推尋得來。聖人到位天地、育萬物，也只從喜怒哀樂未發之中上養來。後儒不明格物之說，見聖人無不知，無不能，便欲於初下手時講求得盡，豈有此理？」○「立志用功，如種樹然。方其根芽，未有榦，及有榦，未有枝，枝而後葉，葉而後花實。初種根時，只管栽培之功，怕没有枝葉花實？」○澄嘗問象山在人情事變上做工夫。先生曰：「除了人情事變，即無事矣。喜怒哀樂，非人情乎？自視聽言動，以至富貴貧賤、患難死生，皆事變也。事變亦只在人情裏，其要只在致中和。」○「定者，心之本體，天理也。動靜，所遇之時也。」○又曰：「不可謂未發之中常人俱有。蓋體用一源，有是體即有是用，有未發之中，即有發而皆中節之和。今人未能有發而皆中節之和，須知是他未發之中亦未能全得。」○書張寰卷有曰：「先儒之學，得有淺深，則其爲言亦不能無同異。學者惟當反之於心，不必苟求其同，亦不必故求其異，要在於是而已。今學者於先儒之說，苟有未合，不妨致思，思之而終有不同，固未爲甚害，但不當因此而遂加非毁，則其爲罪大矣。程先生云『賢且學他是處，未須論他不是』，此言最可以自警。○見賢思齊焉，見不賢而内自省，則不至於責人已甚而自治嚴。○議論好勝，亦是今時學者大病。今學者於道，如管中窺天，少有所見，即自足自是，傲然居之不疑。與人言論，不待其辭之終，而已先懷輕忽非笑之意，訑訑之聲音顔色，拒人於千里之外。不知有道者從傍視之，方爲之悚息汗顔，若無所容，而彼悍然不顧，略無省覺，斯亦可哀也已。○某之於道，雖亦略有所見，未敢盡以爲是也。其於後儒之說，雖亦時有異同，未敢盡以爲非也。朋友之來問者，皆相愛者也，何敢以不盡吾所見？正期體之於心，務求真有所見其孰是孰非，而身發明之，庶有益於斯道也。若徒入耳出口，互相標立門户，以爲能學，則非某之初心矣。孔子云『默而識之』，『學而不厭』，斯乃深望於同志者也。」○是年，張東所詡會于南京。次韻寄張東所：「遠邀君命忽中違，此意年來識者稀。黄綺曾爲炎祚出，子陵終向富春歸。江船一話千年闊，塵夢今驚四十非。何日孤帆過天目，海門春浪掃漁磯。」

十年乙亥，先生四十四歲，在南京。

正月，疏自陳，不允。

是年，當兩京考察，例上疏。○先生嘗曰：「易之辭，是『初九，潛龍勿用』六字。易之象是初畫，易之變是值其畫，易之占是用其辭。」○陸澄問「操存舍亡」。先生曰：「『出入無時，莫知其鄉』，雖就常人心説，心之本體元是如此，不可便謂出爲亡，入爲存。若論本體，元是無出無入的。若論出入，則其思慮運用是出，然主宰常昭昭在此，何出之有？既無所出，何入之有？程子所謂『腔子』，亦只是天理。雖終日應酬，而不出天理，即是在腔子裏。若出天理，斯謂之亡。」又曰：「出入亦只是動静。動静無端，豈有鄉邪？」○「精神、道德、言動，大率收斂爲主，發散是不得已，天地人物皆然。」○澄問：「道一而已，古人論道往往不同，求之亦有要乎？」先生曰：「道無方體，不可執着，却拘滯於文義上求道，遠矣。如今人只說天，其實何嘗見天？謂日月風雷即天，不可；謂人物草木不是天，亦不可。道即是天。若識得時，何莫而非道？人但各以其一隅之見，認定以爲道止如此，所以不同。若解向裏尋求，見得自己心體，即無時無處不是此道。亘古亘今，無終無始，更有甚同異？心即道，道即天，知心則知道、知天。」又曰：「諸君要實見此道，須從自己心上體認，不假外求始得。」〇又曰問[一]：「心要逐物，如何則可？」先生曰：「人君端拱清穆，六卿分職，天下乃治，心統五官，亦要如此。今眼要視時，心便逐在色上；耳要聽時，心便逐在聲上。如人君要選官時，便自去坐在吏部；要調軍時，自去坐在兵部。如此，豈惟失却君體，六卿亦皆不得其職。」〇又曰：「萬象森然時亦沖漠無朕，沖漠無朕即萬象森然。沖漠無朕者，一之父；萬象森然者，精之母。一中有精，精中有一。」〇先生問在坐之友：「此來功夫何似？」一友舉虛明意思。先生曰：「此是說光景。」一友敘今昔異同。先生曰：「此是說效驗。」二友惘

[一] 又曰問　「曰」字或爲衍文。

然。先生曰：「吾輩今日用功，只要爲善之心真切。這箇心真切，見善即遷，有過即改，人欲日消，天理日明。若只管求光景，説效驗，却是助長外馳病痛，不是工夫。」

立再從子正憲爲後。

正憲字仲肅，季叔易直公兖之孫[一]，西林守信第五子也。先生年四十四，與諸弟守儉、守文、守章皆未舉子，惟守信子衆，故擇立之。正憲年方八歲。○是年，御史楊琠薦改祭酒，不報。

八月，擬諫迎佛疏。

是時命太監劉允、烏思藏齎幡供佛[二]，兼奉迎佛徒。允奏請鹽七萬引，以爲路費，許之。輔臣楊廷和等與户部及言官各上疏執奏，不聽。先生欲因事納忠，擬疏將上，後中止。

疏請告。

[一] 季叔易直公兖之孫　據全書卷二十五易直先生墓誌，「兖」當爲「衮」之訛。

[二] 烏思藏齎幡供佛　底本「藏」下衍一「藏」字，據天真本、全書本删。

是年祖母岑太夫人年九十有六，先生思歸，一見爲訣，故疏辭甚懇。〇先生曰：「種樹者必培其根，種德者必養其心。欲樹長必於始生時删繁，然後根幹能大。欲德成必於始學時去外好。如外好詩文，則精神日漸漏泄，凡百皆然。」又曰：「我此論學，是無中生有的工夫。諸公須要信得及，只是立志。學者一念爲善之志，如樹之根，但勿助勿忘，只管培植將去，自然日夜滋長，生氣日充，故立志貴專一。」〇侃因論先生之門，某人在涵養上用工，某人在識見上用工。先生曰：「專涵養者日見其不足，專識見者日見其有餘。日不足者日有餘矣，日有餘者日不足矣。」〇嘗爲觀時作見齋説曰：「『道有可見乎？』曰：『有。有而未嘗有也。』曰：『然則無可見乎？』曰：『無。無而未嘗無也。』『然則何以爲見乎？』曰：『見而未可見也。』觀時曰：『弟子之惑滋甚矣。夫子則明言之以教我乎？』陽明子曰：『道不可言也，强爲之言而益晦；道無可見也，妄爲之見而益遠。夫有而未嘗有，是真有也；無而未嘗無，是真無也；見而未嘗見，是真見也。子未觀於天乎？謂天爲無可見，則蒼蒼耳，昭昭耳，日月之代明，四時之錯行，未嘗無也；謂天爲可見，則即之而無所，指之而無定，執之而無得，未嘗有也。夫天，道也；道，天也。風可捉也，影可拾也，道可見也。』曰：『然則吾終無所見乎？古之人則亦終無所見乎？』曰：『神無方而道無體，仁者見之謂之仁，知者見之謂之知，是有方體者也[一]，見之而未盡者也。顏子則「如有所立卓尔」，夫謂之「如」，則非有也；謂之「有」，則非無也。是雖欲從之，末由也，故夫顏氏之子爲庶幾也。文王望道而未之見，斯真見也已。』曰：『然則吾何所用心乎？』曰：『淪於無者，無所用其心者也，蕩而無歸；滯於有者，用其心於無用者也，勞而無功。夫有無之間，見與不見之妙，非可以言求也。而子顧切切焉，吾又從而强言其不可以見，是以瞽導瞽也[二]。夫言飲者不可以爲醉，見食者不可以爲飽，子求其醉飽，則盍飲食之。子求其見也，其惟人之所不見乎？亦戒慎乎其所不睹也已，斯真睹也已，斯求見之道也已。』」○觀時問「未發之中」。先生曰：「汝但戒慎不睹，恐懼不聞，養得此心純是天理，便自然見。」觀時請略示氣象。先生曰：「啞子喫苦瓜，與你說不得。你要知此苦，還須你自喫。」時曰

[一] 是有方體者也　「有」，底本訛作「乃」，據全書卷七見齋説改。
[二] 是以瞽導瞽也　首「瞽」字，底本訛作「聲」，據全書卷七見齋説改。

仁在傍曰：「如此才是真知，即是行矣。」一時在座諸友皆有省。次韻別欒子仁[一]：「從來尼父欲無言，須信無言已躍然。悟到鳶魚飛躍處，工夫原不在陳編。○操持存養本非禪，矯枉寧知已過偏。此去好從根脚起，竿頭百尺未須前。○野夫非不愛吟詩，才欲吟詩即亂思。未會性情涵泳地，二南還合是淫辭。」

十一年丙子，先生四十五歲，在南京。

三月。

先生嘗謂薛侃曰：「無善無惡者理之靜，有善有惡者氣之動，不動於氣，即無善無惡，是謂至善。佛氏着在無善無惡上，便一切都不管，不可以治天下。聖人無善無惡，只是『無有作好』『無有作惡』，不動於氣。然『遵王之道』，『會其有極』，便自一循天理，便有箇裁成輔相。世儒惟不知此，舍心逐物，將格物之學錯看了。終日馳求於外，只做得義襲而取，終身行不著，習不察。須是廓然大公，方是心之本體。知此即知未發之中。」

[一] 次韻別欒子仁 「欒」，底本訛作「孪」，據全書卷二十原詩改。

○侃問：「先儒以心之靜爲體，心之動爲用，何如？」先生曰：「心不可以動靜爲體用。動靜，時也。即體而言用在體，即用而言體在用，是謂體用一源。若説靜可以見其體，動可以見其用，却不妨[一]。」○蕭惠問死生。先生曰：「知晝夜即知死生。」問晝夜。曰：「知晝則知夜。」曰：「晝亦有所不知乎？」先生曰：「汝能知晝？懵懵而興，蠢蠢而食，行不著，習不察，終日昏昏，只是夢晝，汝能知晝？惟息有養，瞬有存，心惺惺，天理無一息間斷，才是能知晝。這便是天德，便是通乎晝夜之道而知，更有甚麽死生？」○黄誠甫問：「先儒以孔子告顔子爲邦之問，是立萬世常行之道，如何？」先生曰：「顔子具體聖人，其於爲邦的大本大原都已完備，夫子平日知之已深，到此都不必言。只就制度文爲上説，此等處亦不可忽略，須要是如此方盡善。又不可因自己本領是當了，便於防範上踈濶，須是要放鄭聲，遠佞人。蓋顔子是箇克己向裏，德上用心的人。孔子恐其於外面末節或有踈略，故就他不足處幇補説。若在他人，須告以『爲政在人，取人以身，脩身以道，脩道以仁』『達道』『九經』及『誠身』許多工夫，方始做得這箇，方是萬

[一] 却不妨 「妨」，底本訛作「防」，據全書卷一傳習録上改。

世常行之道。不然，只去行了夏時，乘了殷輅，服了周冕，作了韶舞，天下豈便治得？後人但見顏子是孔門第一人，又問箇爲邦，便把做天大事看了。」

九月，陞都察院左僉都御史，巡撫南、贛、汀、漳等處。

是時汀、漳各郡，皆有巨寇。都御史文森受命稱疾，尚書王瓊劾罷之，特舉先生。

十月，歸省至越。

王思輿語季本曰：「陽明此行，必立事功。」本曰：「何以知之？」曰：「吾觸之不動矣。」

十二年丁丑，先生四十六歲，在贛。

正月，至贛。

先生過萬安，遇流賊數百，肆劫商舟，避不敢進。先生乃聯舟，結爲陣勢，揚旗鳴鼓，如趨戰狀。賊乃羅拜岸上，呼曰：「饑荒流民乞賑。」先生泊岸，令人諭之曰：「至贛後即差官撫插，毋輕犯法，自取戮滅也。」賊聽諸散歸。以是年正月十六日開府。

行十家牌法。

贛民故爲洞賊耳目，官府欲舉動，賊已先覺，甚苦之。軍門一老隸，奸尤甚。先生偵知之，呼入卧内，使自擇生死孰便。隸吐實，先生許以不死，試所言悉驗，乃於城中立十家牌法。其法編十家共一牌，開列各户籍貫姓名，年貌行業。日輪一家，沿門按牌查察，遇面生可疑人，即報之官。如或隱匿，則十家同坐。且諭所屬，無遠近，皆務實行之。告諭其父老子弟：「務要父慈子孝，兄愛弟敬，夫和婦隨，長惠幼順。小心以奉官法，勤謹以辦國課，恭儉以守家業，謙和以處鄉里。心要平恕，毋懷險譎；事貴含忍，毋輕鬭爭。見善互相勸勉，有惡互相懲戒。父老子弟，曾見温良遜讓，卑己尊人，而人不敬愛者乎？曾見有凶狠貪暴，利己侵人，而人不疾怨者乎？夫囂訟之人，爭利而未必得利，求伸而未必能伸，上辱祖父，下累子孫，亦何苦而爲此也？言教懇懇，其勉聽之。」

選民兵。

先生以南、贛地連四省，山險林深，盜賊盤據三之一，窺伺剽掠，大爲民患。當事者不勝忿，多調狼達土軍，動經歲年，糜費逾萬，有損無益。乃使四省兵備官，於各屬弩手〔一〕、打手、機快等項，挑選驍勇絶群，膽力出衆者。每縣多或十餘人，少或八九人，務求魁傑，或行召募。大約江西、福建二兵備，各以五六百名爲率；廣東、湖廣二兵備，以四五百名爲率。中間有出衆者，優其廩餼，署爲將領。除南、贛兵備自行編選，餘四兵備官，仍其原額，量留三之二，委該縣賢能官統練，專以守城防隘爲事。其餘一分，揀退疲弱不堪者，免其着役，止出工食，追解該道以益募賞。所募精兵，專隨各兵備官屯劄，別選官分隊統押教習之。如此，則各縣屯戍之兵，既足以護守防截，而兵備募召之士，又可以應變出奇，盜賊漸知所畏服矣。

二月，平漳寇。

初，先生道聞漳寇方熾，兼程至贛，即移文三省兵備，尅期起兵。正月十六日莅任，纔旬日，即議進兵。兵次長富村，遇賊大戰，斬獲頗多，賊奔象湖山拒守，我兵追至蓮花石，

〔一〕於各屬弩手　「弩」，底本訛作「拏」，據天真本、全書本改。

與賊對壘。會廣東兵，方欲合圍，賊見勢急，遂潰圍出，指揮覃桓、縣丞紀鏞馬陷死之。諸將請調狼兵，俟秋再舉，先生乃責失律罪，使立功自贖。諸將議未决，先生曰：「兵宜隨時，變在呼吸，豈宜各持成説耶？福建諸軍稍緝，且咸有立功贖罪心，利在速戰。若當集謀之始，即掩賊不備，奮擊而前，成功可必。今既曠日持久，聲勢彰聞，各賊必聯黨設械，以禦我師。且宜示以寬懈，待間而發，而猶執其乘機之説，張皇於外，以堅賊志，是徒知吾卒之可擊，而不知敵之未可擊也。廣東諸兵集謀稍緩，意在倚重狼達土軍然後舉事，利於持久。諸賊亦候吾士兵之集以卜戰期，其備必弛。若因而形之以緩，乘此機候，正可奮怯爲勇，變弱爲强，而猶執其持重之説，以坐失事機，是徒知吾卒之未可擊，而不知敵之正可擊也。善用兵者，因形而借勝於敵，故其戰勝不復，而應形於無窮。勝負之算，間不容髮，烏可以執滯哉？」於是親率諸道鋭卒，進屯上杭，密勅群哨，佯言犒衆退師，俟秋再舉。密遣義官曾崇秀覘賊虚實，乘其懈，選兵分三路，俱於二月十九日，乘晦啣枚並進，直搗象湖，奪其隘口。諸賊失險，復據上層峻壁，四面滚木礌石，以死拒戰。我兵奮勇鏖戰，自辰至午，呼聲震地，三省奇兵從間鼓噪突登，乃驚潰奔走，遂乘勝追剿。已而福建兵攻破長富村等巢三十餘所，廣東兵攻破水竹、大重坑巢一十三所，斬首從賊詹師富、温火燒等七千有奇，俘獲賊屬輜重無算，而諸洞蕩滅。是役僅三月，漳南數十年逋寇悉平。◯是月奏捷，其言福建僉事胡璉[一]、參政陳策、副使唐澤、知府鍾湘、廣東僉事顧應祥、都指揮楊懋、知縣張戩勞績。賜勑獎賚，其餘陞賞有差。初議進兵，諭諸將曰：「賊雖據險而守，尚可出其不意，掩其不備，則用鄧艾破蜀之策，從間道以出。若賊果盤據持重，可以計困，難以兵尅，則用充國破羌之謀，減冗兵以省費。務在防隱禍于顯利之中，絶深奸於意料之外，此萬全無失者也。」已而桓等狃於小勝，不從間道，故違節制，以致挫衄，諸將志沮，遂請濟師。先生獨以爲見兵二千有餘，已爲不少，不宜坐待濟師以自懈，遥制以失機也。遂親督兵而出，卒成功。

四月，班師。

是年三月不雨，至于四月。先生方駐軍上杭，禱于行臺，得雨，以爲未足，及班師，一

[一] 其言福建僉事胡璉　「其」，天真本、全書本作「具」。

雨三日，民大悦。有司請名行臺之堂曰「時雨」，取王師若時雨之義。先生爲記。是日，參政陳策、僉事胡璉至自班師。

五月，立兵符。

先生謂：「習戰之方，莫要於行伍；治衆之法，莫先於分數。每調集各兵，二十五人編爲一伍，伍有小甲；五十人爲一隊，隊有總甲；二百人爲一哨，哨有長，協哨二人；四百人爲一營，營有官，有參謀二人；一千二百人爲一陣，陣有偏將；二千四百人爲一軍，軍有副將，偏將無定員，臨事而設。小甲選於各伍中，總甲選於小甲中，哨長選於千百户義官中。副將得以罰偏將，偏將得以罰營官，營官得以罰哨長，哨長得以罰總甲，總甲得以罰小甲，小甲得以罰伍衆。務使上下相維，大小相承。如身使臂，臂使指。自然舉動齊一，治衆如寡，庶幾有制之兵矣。編選既定，仍於伍人給一牌，備列同伍姓名，使之連絡習熟，謂之伍符。每隊各置兩牌，編立字號，一付總甲，一藏本院，謂之隊符。每哨各置兩牌，編立字號，一付哨長，一藏本院，謂之哨符。每營各置兩牌，編立字號，一付營官，一藏本院，謂之營符。凡遇征調，發符比號而行，以防奸僞。其諸緝養訓練之方，旗鼓進退之節，務濟實用行之。」

疏請申明賞罰。

「伏覩大明律内該載『失誤軍事』：領兵官已承調遣，不依期進兵策應，若承差告報軍期而違限，因而失誤軍機者，並斬。『從軍違期』條：若軍臨敵境，託故違期，三日不至者，斬。『主將不固守』條：官軍臨陣先退，及圍困敵城而逃者，斬。此罰典也。及查得原擬直隸、山東、江西等處征剿流賊陞賞事例：一人并二人爲首，就陣擒斬以次劇賊一名者五兩，二名者十兩，三名者陞實授一級，不願者賞十兩。陣亡者陞一級，俱世襲，不願者賞十兩。擒斬從賊六名以上至九名者，止陞實授二級，餘功加賞。不及六名，除陞一級之外，加算賞銀。三人四人五人以上，共擒斬以次劇賊一名者，賞銀十兩均分，從賊一名者，賞五兩均分。領軍把總等官，自斬賊級，不准陞賞，部下獲功七十名以上者陞署一級，五百名者陞實授一級，不及數者量賞。一人捕獲從賊一名者，賞銀四兩，二名者賞八兩，三名者陞一級。以次劇賊一名者，陞署一級，俱不准世襲，不願者賞五兩。此皆賞格也。賞罰如此，宜乎人心激勸，功無不立。然而未有能者，蓋以賞罰之典雖備，然罰典止行於參提之後，而不行於臨陣對敵之時；賞格止行於大軍征剿之日，而不行於尋常用兵之際故也。合無申明賞罰之典，今後但遇前項賊情，領兵官不拘軍衛有司，所領兵衆有退縮不用命者，許領兵官軍前以軍法從事；領兵官不用命者，許總統兵官軍前以軍法從事。所統兵衆有能對敵擒斬功次，或赴敵陣亡者，從實開報，覆覈是實，轉達奏聞，一體陞賞。至若生擒賊徒，鞫問明白，即時押赴市曹，斬首示衆，庶使人知警畏，亦與見行事例，決不待時，無相悖戾。如此，則賞罰既明，人心激勵，盜賊生發得以即時撲滅，糧餉可省，事功可見矣。夫盜賊之日滋，由於招撫之太濫；招撫之太濫，由於兵力之不足；兵力之不足，由於賞罰之不行。臣請因是爲陛下略言之。」於是反覆四事，曲盡其詳，且曰：「誠使得以大軍誅討之賞罰而行之平時，假臣等以令旗令牌，使得便宜行事，如是而兵有不精，賊有不滅，臣等亦無以逃其死矣。」

奏設平和縣，移枋頭巡檢司。

先生以賊據險，久爲民患，今幸破滅，須爲拊背扼吭之策，乃奏請設平和縣治于河頭，移河頭巡檢司于枋頭。蓋以河頭爲諸巢之咽喉，而枋頭又河頭之唇齒也。且曰：「方賊之據河頭也，窮凶極惡，至動三軍之衆[一]，合二省之力而始克蕩平。若不及今爲久遠之圖，不過數年，勢將復起，後悔無及矣。蓋盜賊之患，譬諸病人，興師征討者，針藥攻治之方；建縣撫輯者，飲食調攝之道。徒恃攻治而不務調攝，則病不旋踵，後雖扁鵲、倉公，無所施其術矣。」○是月，聞蔡宗兗、許相卿、季本、薛侃、陸澄同舉進士，遺之書曰：「入仕之始，意況未免摇動。如絮在風中，若非粘泥貼網，亦自主張未得。不知諸友却何如？想平時功夫亦須有得力處耳。」又聞曰仁在告，買田霅上，爲諸友久聚計，遺以二詩。

六月，疏請疏通鹽法。

始，都御史陳金以流賊軍餉，於贛州立廠，抽分廣鹽，許至袁、臨、吉三府發賣。然起

[一] 至動三軍之衆 「衆」，底本訛作「聚」，據天真本、全書本改。

正德六年，至九年而止。至是，先生以敕諭有便宜處置語，疏請暫行，待平定之日，仍舊停止。從之。

九月，改授提督南、贛、汀、漳等處軍務，給旗牌，得便宜行事。

南、贛舊以巡撫莅之，至周公南嘗請旗牌，事畢繳還，不爲定制。至是先生疏請，遂有提督之命，後不復更，乃上疏换敕謝恩。敕諭有曰：「江西南安、贛州地方，與福建汀、漳二府，廣東南、韶、潮、惠四府，及湖廣郴州桂陽縣，壤地相接，山嶺相連。其間盜賊不時生發，東追則西竄，南捕則北奔。蓋因地方各省[一]，事無統屬，彼此推調，難爲處置。先年嘗設有都御史一員，巡撫前項地方，就令督剿盜賊。但責任不專，類多因循苟且，不能申明賞罰，以勵人心，致令盜賊滋多，地方受禍。今日所奏及各該部覆奏事理[二]，特改命爾提督軍務，撫安軍民，修理城池，禁革奸弊。一應軍馬錢糧事宜，俱聽便宜區畫，以足軍餉。但有盜賊生發，即便設法調兵剿殺，不許踵襲舊弊，招撫蒙蔽，

[一] 蓋因地方各省 「方」，全書卷十换敕謝恩疏作「分」。
[二] 今日所奏 「日」，全書卷十换敕謝恩疏作「因」。

重爲民患。其管領兵快人等官員，不問文職武職，若在軍前違期并逗遛退縮者，俱聽軍法從事。生擒盜賊，鞫問明白，亦聽就行斬首示衆。」先生常言：「兵無定勢，謀貴從時，苟勢或因地而異便，則事宜量力以乘機。」兵部尚書王瓊等覆奏，以爲宜從所請。始給旗牌八面，悉聽便宜。既而鎮守太監畢真謀于近幸，請監其軍。瓊奏以爲兵法最忌遥制，若使南、贛用兵，而必待謀于省城鎮守，斷乎不可。惟省城有警，則聽南、贛策應。事遂寢。〇先生在贛，懸弓壁上，暇則就壁挽數十回，不令臂軟。少年酷好弓馬，奉命造威寧伯墳，墜馬吐血。蓋平生强力不懈若此。〇先生在贛平諸寇，未嘗調狼土一人。每有大征，密檄吉安各縣，發機兵若干人往，即羸弱無損壞者。由先生能以身先，且善部勒，聚散不在兵耳。

撫諭賊巢。

漳寇雖平，而龍川諸賊巢尚多嘯聚，將用兵平之，先犒以牛酒銀布。復諭之曰：「本院巡撫是方，專以弭盗安民爲職。蒞任之始，即聞爾等積年流劫鄉村，殺害良善，民之被害來告者，月無虚日。本欲即調大兵剿除爾等，隨往福建督征漳寇，意待回軍之日，剿蕩巢穴。後因漳寇既平，紀驗斬獲功次七千六百有餘，審知當時倡惡之賊不過四五十人，黨惡之徒不過四千餘衆，其餘多係一時被脅，不覺慘然興哀。因念爾等巢穴之内，亦豈無脅從之人。况聞爾等亦多大家子弟，其間固有識達事勢，頗知義理者。自吾至此，未嘗遣一人撫諭爾等，豈可遽爾興師翦滅，是亦近於不教而殺，異日吾終有憾於心。故今特遣人告諭爾等，勿自謂兵力之强，更有巢穴險者，今皆悉已誅滅無存，爾等豈不聞見？夫人之所共耻者，莫過於身被盜賊之名；人心之所共憤者，莫過於身遭劫掠之苦。今使有人罵爾等爲盜，爾必拂然而怒，爾等豈可心惡其名而身蹈其實。又使人焚爾室廬，劫爾財貨，掠爾妻女，爾必懷恨切骨，寧死必報。爾等以是加人，人其有不怨者乎？人同此心，爾寧獨不知，乃必欲爲此，其間想亦有不得已者。或是爲官府所迫，或是爲大户所侵，一時錯起念頭，誤入其中，後遂不敢出。此等苦情，亦甚可憫，然亦皆由爾等悔悟不切耳。爾等當時去做賊之時，乃是生人尋死路，尚且要去便去。今欲改行從善，乃是死人求生路，乃反不改[一]，何也？若爾等肯如當初去做賊時，拚死出來，求要改行從善，我官府豈有必要殺汝之理。爾等久習惡毒，忍於殺人，心多猜疑。豈知我上人之心，無故殺一雞犬，尚且不忍，况於人命關天。若輕易殺之，冥冥之中斷有還報，殃禍及於子孫。何苦而必欲爲此？我每爲爾等思念及此，輒至於終夜不能安寢，亦無非欲爲爾等尋一生路。惟是爾等冥頑不化，然後不得已而興兵，此則非我殺之，乃天殺之也。今謂我全無殺人之心，亦是誑爾。若謂必欲殺爾，又非吾之本心。爾等今雖從惡，其始同是朝廷赤子。譬如一父母同生十子，八人爲善，二人背逆，要害八人。父母之心，須去二人，然後八人得以安生。均之爲子，父母之心，何故必欲偏殺二子？不得已也。吾於爾等，亦正如此。若此二子者，一旦悔惡遷善，號泣投誠，爲父母者亦必哀憫而赦之。何者？不忍殺其子者，乃父母之本心也。今得遂其本心，何喜何幸如之。吾於爾等，亦正如此。聞爾等辛苦爲賊，所得苦亦不多，其間尚有衣食不充者。何不以爾爲賊之勤苦精力，而用之於耕農，運之於商賈，可以坐致饒富而安享逸樂，放心縱意，遊觀城市之中，優游

[一] 乃反不改　「改」，天真本、全書本作「敢」。

田野之内。豈如今日，擔受驚怕，出則畏官避讐，入則防誅懼剿，潛形遁蹟，憂苦終身，卒之身滅家破，妻子戮辱，亦有何好？爾等好自思量，若能聽吾言，改行從善，吾即視爾爲良民，撫爾如赤子，更不追咎爾等舊惡。若習性已成，難更改動，亦由爾等任意爲之。吾南調兩廣之狼達，西調湖湘之士兵，親率大軍，圍爾巢穴，一年不盡，至于兩年，兩年不盡，至于三年，爾之財力有限，吾之兵糧無窮。縱爾等皆爲有翼之虎，諒亦不能逃於天地之外。嗚呼！民吾同胞，爾等皆吾赤子，吾終不能撫恤爾等，而至於殺爾。痛哉痛哉！興言至此，不覺淚下。」○是時，酋長黃金巢、盧珂等，即率衆來投，且求自效。

疏謝陞賞。

朝廷以先生平漳寇功，陞俸一級，銀二十兩，紵絲二表裏，降勅獎勵，故有謝疏。

疏處南、贛商稅。

始，南安稅商貨于折梅亭以資軍餉，後多奸弊，仍併府北龜角尾。以疏聞。

十月，平横水、桶岡諸寇。

南、贛西接湖廣桂陽，有桶岡、横水諸賊巢，南接廣東樂昌，東接廣東龍川，有浰頭諸賊巢。大賊首謝志珊，號「征南王」，糾率大賊鍾明貴、蕭規模、陳曰能等，約會樂昌高快馬等，大脩戰具，并造呂公車。聞廣東官兵方有事府江，欲先破南康，乘虛入廣。先是，湖廣巡撫都御史陳金題請三省夾攻，先生以桶岡、横水、左溪諸賊，荼毒三省，其患雖同，而事勢各異。以湖廣言之，則桶岡爲賊之咽喉，而横水、左溪爲之腹心；以江西言之，則横水、左溪爲賊之腹心，而桶岡爲之羽翼。今不去腹心，而欲與湖廣夾攻桶岡，進兵兩寇之間，腹背受敵，勢必不利。今議者皆以爲必須先攻桶岡，然湖廣尅期乃在十一月朔，横水、左溪見我兵未集，師期尚遠，且以爲必先桶岡，勢必觀望未備。今若出其不意，進兵速擊，可以得志。已破横水、左溪，移兵而臨桶岡，破竹之勢，蔑不濟矣。於是決意先攻横水、左溪。分定哨道，指授方略，密以十月己酉進兵。至十一月己巳，凡破賊巢五十餘，擒斬大賊首謝志珊等五十六，從賊首級二千一百六十八，俘獲賊屬二千三百二十四。衆請乘勝進兵桶岡，先生復以桶岡天險，四塞中堅，往者夾攻，數月無功。其所由入，惟鎖匙龍、葫蘆洞、茶坑、十八磊、新地五處〔一〕，然皆架棧梯壑，負緣崖巔，坐發礌石，可無執兵而禦我師。惟上章一路稍平，然迂迴半月，湖兵從入，我師復往，事皆非便。今横水、左溪餘賊皆已奔入，同難合勢，爲守必力。善戰者，其勢險，其節短。今我欲乘全勝之鋒，兼三日之程，百里爭利，彼若拒而不前，頓兵幽谷，所謂强弩之末，不能穿魯縞矣。莫若移屯近地，休兵養威，使人諭以禍福，彼必懼而請服。或有不從，乘而襲之，乃可以逞。因使其黨往説之，賊喜，方集議，而横水、左溪奔入之賊，果堅持不可，往復遲疑，不暇爲備，而我兵分道疾進，前後合擊，賊遂大敗。破巢三十餘，擒斬大賊首藍天鳳等三十四，從賊首級一千一百四，俘獲賊屬二千三百。捷聞，賜勅獎諭。○是役也，監軍副使楊璋、參議黄宏，領兵都指揮許清、指揮使郟文、知府邢珣、季斅、伍文定、唐淳、知縣王天與、張戬、指揮余恩、馮翔、縣丞舒富，隨征參謀等官指揮謝昶、馮廷瑞、姚璽、同知朱憲、推官危壽、徐文英、知縣陳允諧、黄文鸑、宋瑢、陸璥、千户陳偉、高睿等，咸上功。○先生在贛，院左有旁門通射圃，暇即走其中，

〔一〕新地　底本訛作「新池」，據天真本改。

與諸生論學，多至夜分，次早諸生入揖爲常。一夕夜坐，諸生請休，朝扣門，守者曰：「昨夜公返未幾即出兵，不知何往，今可至數十里外矣。」其神速機變若此。是年，撫州陳九川見。○酋長謝志珊就擒，先生問曰：「汝何得黨類之衆若此？」志珊曰：「亦不容易。」曰：「何？」曰：「平生見世界上好漢，斷不輕易放過，多方鈎致之，或縱其酒，或助其急，待其相德，與之吐實，無不應矣。」先生退語門人，且曰：「吾儒一生求朋友之益，豈異是哉？」

十二月，班師。

師至南康，百姓沿途手香迎拜，所經州縣關隘，各立生祠。遠鄉之民，肖像祖堂，歲時尸祝。

閏十二月，奏設崇義縣治，及茶寮隘上堡、鉛廠、長龍三巡檢司。

先生上言：「横水、左溪、桶岡諸賊巢，凡八十餘，在上猶、大庾、南康中，四方相距各三百餘里，號令不及，以故爲賊所據。今幸削平，必建立縣治以圖久遠。議割上猶縣崇義等三里，大庾縣義安三里，南康縣至坪一里，特設縣治于三巢，道里適均，山水合抱，土地平坦，仍設三巡檢司以遏要害。茶陵復當桶岡之中〔一〕，西通桂陽、桂東，南連仁化、樂昌，北接龍泉、永新，東入萬安、興國，宜設關隘保障。令千户孟俊伐木立柵，移皮袍洞隘兵，而益以隣近隘夫守焉。」議上，悉從之，縣名崇義。

〔一〕茶陵復當桶岡之中　按此據設立茶寮隘所改寫，「陵」當爲「寮」之訛。

陽明先生年譜中卷

門人錢德洪 編次
後學羅洪先 考訂

十三年戊寅，先生四十七歲，在贛。

正月，征三浰。

與薛侃書曰：「即日已抵龍南，明日入巢，四路皆如期並進，賊有必破之勢。向在橫水，嘗寄書仕德云：『破山中賊易，破心中賊難。』區區翦除鼠竊，何足爲異？若諸賢掃蕩心腹之寇，以收廓清平定之功，此誠大丈夫不世之偉績。數日來，諒已得必勝之策，奏捷有期矣。何喜如之。」

二月，奏移小溪驛。

小溪驛舊當南康、南安中。丙子，大庾峰山里民懼賊讐殺，自願築城爲衛。至是年二月，奏移驛其中。

三月，疏乞致仕，不允。

以病也。

襲平大帽、浰頭諸寇。

先生議攻取之宜，先横水，次桶岡，次廣東，徐圖浰頭。方進兵横水時，恐浰頭乘之，乃爲告諭，頗多感動。惟池仲容曰：「家等爲賊久，官府多不可信，告諭何足憑？待金巢等無事，降未晚也。」金巢等至，乃釋罪，推誠撫之，各願自報，於是擇其衆五百人從征横水。既破，仲容等始懼，遣其弟池仲安來附，意以緩兵。先生陽許之。比征桶岡，使截路上新地以迂其歸，内嚴備而外若寬假。陰召被害者計事，皆言池氏凶狡，兩經夾剿無功，常言「狼兵來須半年，我避不須一月」，謂來不速，留不久也。因指其僭號設官之罪，乃密畫方略，使歸候期。及桶岡破，賊益懼，私爲戰守自備，復使人賚賜酋牛酒，以察其變。賊度不可隱，則詐稱龍川新民盧珂、鄭志高等將行掩襲，故豫爲防，非虞官兵也。陽信之，因怒珂等擅兵讐殺，移檄龍川，使廉實，將伐木開道討之。賊聞，信懼且半，復使來謝。會珂等告變，先生欲藉珂以紿三浰，密語珂曰：「吾姑毀狀，汝當再來，來則受杖三十，繫數旬乃可。」珂知之，既喜諾。先生復授其意，參隨密示行杖人令極輕。至是，假怒珂，數罪狀，且將逮其屬盡斬之，而陰縱其弟集兵。先生先期召巡捕官，佯曰：「今大征已畢，時和年豐，可令民家盛作鼓樂、大張燈會樂之，亦數十年一奇事也。」又曰：「樂户多住龜角尾，恐招盜，曷遷入城來？」於是街巷俱然燈鳴鼓。已旬餘，又遣指揮余恩及諸參隨頒曆三浰。時仲容等因疑先生圖己，既喜得曆，宴勞良厚。黄表輩從容曰：「若輩新民，禮節生疎，我來頒曆，若可高坐乎？」衆謂良是。於是老者促少者往，少者曰：「往則俱往，勿使我當災也。」於是仲容率其黨與豪健者九十三人，來營教塲，而自以數人入見。先生聞仲容來，固已匿兵，復飭祥符宫寬閒以居，故呵曰：「若皆吾新民，不入見而營教場，疑我乎？」仲容皇恐曰：「聽命耳。」即遣人引至宮，見物宇整潔，喜出望外。是時十二月二十三也。先生既遣參隨數人館伴，復製長青衣、油靴，教之習禮，而時試之。一日，漫給賞，老少互爭，參隨以告。先生曰：「多事忘分別耳，汝何不開手本來？」次日，依序給賞，老少不亂，衆始安。而私入衛獄覘珂，參隨先期故匣繫珂甚苦，衆莫不唾罵數之。踰日辭歸，先生曰：「自此至三浰八九日，今即往，歲前未必至家，即至又當謁正，徒取勞苦。聞贛州今歲有燈，曷以正月歸乎？」其少者固喜觀燈，冶游不禁，諸參隨復代之銀，聞言欣然忘歸。既復辭，先生曰：「汝謁正尚未犒賞，奈何？」初二日，令有司大烹於宮，以次日宴。是夕，潛入甲士六百人射圃，以六人制其一。復密語參隨吉水致仕縣丞龍光曰：「每了十人，汝可立屏下安我，否則入告。」計既定，詰旦，集仲容等院中，盛設鼓樂，内外不得聞聲。乃召屠人封牛豕階下，與銀曆酒肉，兩手莫勝。復以花采絆繫，已乃勞之酒，三叩頭出，令謝兵道。既出，甲士盡殲之外門。然人封肉勞酒，不令得見前後，故數刻始一發，而强甚者須七八人乃屈。至八十七人，光以甲士且盡，入告。先生遥見色變，光故緩行，上階取茶造膝，曰：「人盡矣。」先生即指所賞者曰：「汝後生，昨日何得先長行，須綁以示教。」已而歷指未賞者六人曰：「是皆先長者，盡綁押出。」比畢事，日過未刻。先生退，大眩暈，嘔吐。黄昏，光入問，先生曰：「勞甚得此幸，食薄粥，坐數時，無傷也。」光密曰：「遣人乎？」先生大呵之。蓋先時嘗密遣千户孟俊督珂弟兵，又爲僞牌，以捕珂黨爲言，故經池巢相紿，及是珂已先歸。夜將半，自率軍走三浰。賊故阻水，石錯立水中，先生躡屩先行，諸軍繼之，無溺者。門堅甚，先生摘百人，啣枚卷旗，持炮火，緣後山登。須臾，後山炮火四發，旗幟滿山[一]，守者狼顧，門遂破。是爲正月七日丁未。而兵備副憲楊璋、守備指揮郟文、知府陳祥、邢珣、季斆、推官危壽、指揮余恩、姚璽、縣丞舒富皆從。凡破巢三十有八，擒斬賊首五十八，從賊二千餘。餘奔九連山往議，九連山横亘數百里，四面陡絶，須半月始達，而賊已據險。先生選精鋭七百餘，皆衣賊衣，佯奔潰，乘暮至賊崖下。賊下招之，我兵佯應，既度險，扼其後路。次日，從上下擊，四路伏起，一鼓擒之，撫其降酋張仲全等二百餘人。視地里險易，立縣置隘，留兵防守而歸。紿仲容事

[一] 旗幟滿山 「幟」，底本訛作「熾」，據全書本改。

難顯言，故上捷之辭稍異。○先生未至贛時，已聞有三省夾攻之議，即謂夾攻大舉，恐不足以滅賊，乃進攻治疏。謂：「朝廷若假以賞罰，重其權，使得便宜行事，動無掣肘，可以相機而發。一寨可攻則攻一寨，一巢可撲則撲一巢，量其罪惡之淺深，而爲剿撫之先後，則可省供饋征調之費，日剪月削，澌盡灰滅。此則如昔人拔齒之喻，日漸動揺，齒拔而兒不覺者也。然而下民之情，莫不欲大舉夾攻，以快一朝之忿。必須南調兩廣之狼達，西調湖湘之土兵，四路並進，一鼓成擒，庶幾數十年之大患可除，千萬人之積冤可雪。然而以兵法十圍五攻之例，計賊二萬，須兵十萬，日費千金，疲於道路，不得操事者七十萬家。積粟料財，數月而事始集，聲迹彰聞，兵未出境，賊已深逃，鋒刃所加，不過老弱脅從之輩耳。况狼兵所過，不減於盜。近年江西有姚源之役，福建有汀、漳之寇，府江之師方集於兩廣，偏橋之討未息於湖湘。若復加以大兵，民將何以堪命？此則一拔去齒而兒亦隨斃者也。」是疏方上，而夾攻成命已下矣。先生又以爲夾攻之策，「名雖三省大舉，其實舉動次第，自有先後。如江西之南安有上猶、大庾、桶岡等處賊巢，與湖廣桂東、桂陽接境，夾攻之舉，止宜江西與湖廣會合，而廣東於仁化縣要害把截，夾攻不與焉。贛州之龍南有浰頭賊巢，與廣東龍川接境，夾攻之舉，止宜江西與廣東會合，而湖廣不與焉。廣東樂昌、乳源賊巢，與湖廣宜章縣接境，惠州賊巢與湖廣臨武縣接境，仁化縣賊巢與湖廣桂陽縣接境，夾攻之舉，止宜湖廣、廣東二省會合，而江西於大庾縣要害把截，夾攻不與焉。若不此之察，必欲通待三省兵齊，然後進勦，則老師費財，爲害匪細。今宜先合湖廣、江西之兵，併力而舉上猶諸賊，逮事之畢，廣東之兵亦且集矣。則又合湖廣、廣東之兵，併力而舉樂昌諸處，逮事之畢，江西之兵又得以少息矣。則又合廣東、江西之兵，併力而舉龍川。方其併力於上猶也，則姑遣人佯撫樂昌諸賊以安其心。彼見廣東既未有備，而湖廣之兵又不及已，乃幸旦夕之生，必不敢越界以援上猶。及夫上猶既舉，而湖廣移兵以合廣東，則樂昌諸賊其勢已孤，二省兵力益專，其舉益易。當是之時，龍川賊巢相去遼絶，自以爲風馬牛不相及，彼見江西之兵又徹，意必不疑。班師之日，出其不意，回軍合擊，蔑有不濟者矣。」疏上，朝廷許以便宜行事。桶岡既滅，湖廣兵期始至，恐其徒勞遠涉，即獎勵統兵參將史春，使之即日回軍。及計斬浰頭，廣東尚不及聞，皆與前議合。

四月，班師，立社學。

先生嘗有告示曰：「百姓風俗不美，亂所由興。今民窮苦已甚，而又競爲奢侈，豈不重自困哉？民間習染已久，亦難一旦盡變，姑就易見易改，漸次誨爾。今後居喪不得用鼓樂，爲佛事，竭資分帛，儉於親身，投諸水火。病者宜求醫藥，不得聽信邪術，專事巫禱。嫁娶之家，豐儉稱力，不得計論聘財粧奩，大會賓客，酒食連朝。親戚歲時相問，惟貴誠心。村坊不得迎神賽會。凡此不率教者，十家牌均罪之。」仍告諭南、贛所屬各縣，父老子弟，興立社學，延師教子，歌詩習禮。出入階衢[一]，官長至，俱叉手拱立。先生或贊賞訓誘之。久之，市民亦知冠服，朝夕歌聲達於委巷。○示教讀劉伯頌等訓蒙大意曰：「古之教者，教以人倫。後世記誦詞章之習起，而先王之教亡。今教童子，惟當以孝弟忠信、禮義廉耻爲專務。其栽培涵養之方，則宜誘之歌詩，以發其志意；導之習禮，以肅其威儀；諷之讀書，以開其知覺。今人往往以歌詩習禮爲不切時務，此末俗庸鄙之見，烏足以知古人立教之意哉？大抵童子之情，樂嬉遊而憚拘檢。如草木之始萌芽，舒暢之則條達，摧

[一] 出入階衢　「階」，天真本、全書本作「街」。

撓之則衰痿。今教童子，必使其趨向鼓舞，中心喜悅，則其進自不能已。譬之時雨春風，霑被卉木，莫不萌動發越，自然日長月化。若冰霜剝落，則生意蕭索，日就枯槁矣。故凡誘之歌詩者，非但發其志意而已，亦所以洩其跳號呼嘯於咏歌，宣其幽抑結滯於音節也；導之習禮者，非但肅其威儀而已，亦所以周旋揖讓而動盪其血脉，拜起屈伸而固束其筋骸也；諷之讀書者，非但開其知覺而已，亦所以沉潛反復而存其心，抑揚諷誦以宣其志也。凡此，皆所以順導其志意，調理其性情，潛消其鄙吝，默化其麤頑。日使之漸於禮義而不苦其難，入於中和而不知其故，是蓋先王立教之微意也。若近世之訓蒙穉者，日惟督以句讀課倣，責其檢束而不知導之以禮，求其聰明而不知養之以善，鞭撻繩縛，若待拘囚。彼視學舍如囹獄而不肯入，視師長如寇仇而不欲見，窺避掩覆以遂其嬉遊，設詐飾詭以肆其頑鄙，偷薄庸劣，日趨下流。是蓋驅之於惡而求其爲善也，何可得乎？凡吾所以教，實在於此，恐時俗不察，視以爲迂，且吾亦將去，故特叮嚀以告。爾諸教讀，其務體吾意，永以爲訓，毋輒因時俗之言，改廢其繩墨，庶成蒙以養正之功矣。念之念之。」

○是年，爲立志説遺弟[一]。略曰：「夫志，氣之帥也，人之命也，木之根也，水之源也。源不濬則流息，根不植則木枯，命不續則人死，志不立則氣昏。是以君子之學，無時無處而不以立志爲事。正目而視之，無它見也；傾耳而聽之，無它聞也。如貓捕鼠，如雞覆卵[二]，精神心思，凝聚融結，而不復知有其它。然後此志常立，神氣精明，義理昭著。一有私欲，即便知覺，自然容住不得矣。」

五月，奏設和平縣。

和平縣治，本和平峒羊子地，爲三省賊衝要路。其中山水環抱，土地坦平，人煙輳集，千有餘家。東去興寧、長樂、安遠，西抵河源，南界龍川，北際龍南，各有數日程。其山水阻隔，道里遼遠，人跡既稀，奸宄多萃。相傳原係循州、龍川、雷鄉一州二縣之地，後爲賊據，止存龍川一縣。洪武中，賊首謝士真等相繼作亂，遂極凌夷。先生謂宜乘時脩復縣治，以嚴控制，改和平巡檢司于浰頭，以遏要害。議上，悉從之。○先生既平南、

[一]　爲立志説遺弟　據文義，「遣」或爲「遺」之訛。

[二]　如雞覆卵　「卵」，底本訛作「卯」，據全書卷七示弟立志説改。

贛，其相近各巢，令自取便利，分轄諸地，有警屬之。其後一二恃强相抗者，先生自携大兵剿之。雖幸逭誅，終來投首，至今飲食必祭，言及多泣下者。

六月，陞都察院右副都御史，廕子錦衣衛，世襲百户。辭免，不允。

旌横水、桶岡功也。先生具疏辭免曰：「臣以章句陋儒，過蒙國恩，不終擯斥，投之閒散之中，授以巡撫之寄。時臣方抱病請告，偶值前官有托疾避難之嫌，本兵責以大義，朝廷譴之簡書，臣遂狼狽莅事。當是時，兵耗財匱，盗熾民窮，束手無策。朝廷念民命之顛危，慮臣力之薄劣，謂其責任不專，無以聯屬人心；賞罰不重，無以作興士氣；號令不肅，無以督調遠近。於是本兵議假臣以賞罰則從之，議給臣以旗牌則從之，議改臣以提督則從之。授之方略而不拘以制，責其成功而不限以時。由是臣以賞罰之柄而激勵三軍之氣，以旗牌之重而號召遠近之兵，以提督之權而紀綱八府一州之吏，伸縮如志，舉動自由。於是兵威漸振，賊氣先奪，成軍而出，一鼓而破横水，再鼓而滅桶岡。振旅復舉，又一鼓而破三浰，再鼓而下九連，皆役不再籍，兵無挫刃。遣官齎執旗牌[一]，以麾督兩廣夾剿之師，亦罔不用命[二]，咸集膚功。由是言之，凡臣之得藉以成功者，皆本兵之議，朝廷之斷也。臣亦何功之有，而敢冒承其賞乎？辟之駑馬而得良御，馬之得盡其力，皆御馬者之力也，而遂歸于馬，可乎？況臣福過災生，已嘗懇疏求告。今乃求退獲進，引咎蒙賚，其如賞功之典何？」奏入，不允。

七月，刻古本大學。

先生出入賊壘，未暇寧居。門人薛侃、歐陽德、梁焯、何廷仁、黄弘綱、薛俊、楊驥、郭治、周仲、周衝、劉魁、郭持平、劉道、袁慶麟[三]、王舜鵬、王學益等，講聚不散。至是回軍休士，始得專意于朋友，日與發明大學本旨。始刻古本，自爲序，略曰：「大學之

[一] 遣官齎執旗牌 「遣」，底本訛作「遺」，據天真本改。

[二] 亦罔不用命 「罔」，底本訛作「岡」，據天真本改。

[三] 袁慶麟 天真本作「袁夢麟」。

道，誠意而已矣[一]；誠意之功，格物而已矣；誠意之極，止至善而已矣；止至善之則，致知而已矣。正心，復其體也；脩身，著其用也。以言乎己謂之明德，以言乎人謂之親民，以言乎天地之間則備矣。是故至善也者，心之本體也。動而後有不善，而本體之知，未嘗不知也。意者其動也，物者其事也，致其本體之知，而動無不善，然非即其事而格之，則亦無以致其知。故致知者，誠意之本也；格物者，致知之實也。物格，則知致意誠，而有以復其本體，是之謂止至善。聖人懼人之求之於外也，而反覆其辭，舊本析而聖人之意亡矣。」

刻朱子晚年定論。

先生序略曰：「昔謫官龍場，居夷處困，動心忍性之餘，恍若有悟，體驗探求，再更寒暑，證諸六經四子，洞然無復可疑。獨於朱子之說，有相牴牾，恒疚於心，切疑朱子之賢，而豈其於此尚有未察？及官留都，復取朱子之書而檢求之，然後知其晚歲固已大悟舊說

[一] 誠意而已矣　「意」，底本訛作「心」，據全書卷七大學古本序改。

之非，痛悔極艾，至以爲自誑誑人之罪，不可勝贖。世之所傳集註、或問之類，乃其中年未定之説，自咎以爲舊本之誤，思改正而未及，而其諸語類之屬，又其門人挾勝心以附己見，固於朱子平日之説，猶有大相繆戾者。而世之學者局於見聞，不過持循講習於此，其於悟後之論，槩乎其未有聞，則亦何恠乎予言之不信，而朱子之心無以自暴於後世也乎？予既自幸説之不繆於朱子，又喜朱子之先得我心之同然，且慨夫世之學者，徒守朱子中年未定之説，而不復知求其晚歲既悟之論，競相呶呶以亂正學，不自知其已入於異端，輒採録而裒集之，私以示夫同志，庶幾無疑於吾説，而聖學之明可冀矣。」○與安之書曰：「留都時偶因饒舌，遂至多口，攻之者環四面，取朱子晚年悔悟之説，集爲定論，聊藉以解紛耳。門人輩近刻之雩都，初聞甚不喜，然士夫見之，乃往往遂有開發者，無意中得此一助，亦頗省頰舌之勞。近年篁墩諸公嘗有道一等編〔一〕，見者先懷黨同伐異之念，故卒不能有入，反激而怒。今但取朱子所自言者表章之，不加一辭，雖有褊心，將無所施其怒矣。聊往數册，有志向者，一出指示之。」

〔一〕嘗有道一等編「編」，底本訛作「偏」，據天真本、全書本改。

八月，門人薛侃刻傳習録。

侃得徐愛所遺傳習録一卷，序二篇，與陸澄各録一卷，刻于虔。愛自述曰：「先生於大學格物諸説，悉以舊本爲正，蓋先儒所謂誤本者也。愛始聞而駭，既而疑，已而殫精竭思、參互錯縱以質於先生，然後知先生之説，若水之寒，若火之熱，斷斷乎百世以俟聖人而不惑者也。先生明睿天授，然和樂坦易，不事邊幅。人見其少時豪邁不羈，又嘗泛濫於詞章，出入二氏之學，驟聞其説，皆目以爲立異好奇，漫不省究。不知先生居夷三載，處困養靜，精一之功，固已超入聖域，粹然大中至正之歸矣。愛朝夕炙門下，但見先生之道，即之若易而仰之愈高，見之若粗而探之愈精，就之若近而造之愈益無窮。十餘年來，竟未能窺其藩籬。世之君子，或與先生僅交一面，或猶未聞其謦欬，或先懷忽易憤激之心，而遽欲於立談之間，傳聞之説，臆斷懸度，如之何其可得也？從遊之士，聞先生之教，往往得一而遺二，見其牝牡驪黄，而棄其所謂千里者。故愛備録平日之所聞，私以示夫同志，相與考而正之，庶無負於先生之教云。」是年愛卒，先生哭之慟。愛及門獨先，聞道亦早，接人和易謙冲，雖無意親人而人自親之。所作有傳習録、同志考。嘗遊南岳，一瞿曇撫其背曰：「爾與顏子同德，亦與顏子同壽。」自南京兵部郎中告病歸，與陸澄謀耕霅上之田，以俟師歸，爲同志久聚計。年纔三十一。先生每語輒傷之。

九月，修濂溪書院。

四方學者輻輳，寓射圃，至不能容，乃修濂溪書院居之。鄒守益輩來見。○先生大征既上捷，一日，設酒食勞諸生，且曰：「以此相報。」諸生瞿然不安，問故。先生曰：「始吾登堂，每有賞罰，不敢放肆，常恐有愧諸君，自謂無過舉矣。比與諸君相對久之，尚覺前此賞罰猶未也，於是思求其過以改之。幾番磨擦，直至登堂行事，與諸君相對時無少增損，方始心安，然已不知費多少力氣矣。此即諸君教誨所在，固不必事事煩諸君口齒爲也。」諸生聞言，愈益省畏。○黄弘綱問：「戒懼是己所不知時工夫，慎獨是己所獨知時工夫，如何？」先生曰：「只是一箇，無事時固是獨知，有事時亦是獨知。人若不於此獨知之地用力，只在人所共知處用功，便是作僞，便是見君子而後厭然[一]。此獨知處，

[一] 便是見君子而後厭然　「厭」，底本訛作「掩」，據全書卷一傳習録上改。

便是誠的萌芽。此處不論善念惡念，更無虛假，一是百是，一錯百錯，正是王伯義利、誠僞善惡界頭。於此一立立定，便是端本澄源，便是立誠。古人許多誠身的工夫，精神命脉，全體只在此處。真是莫見莫顯，無時無處，無終無始，只是此箇工夫。今若又分戒懼爲己所不知，即工夫便支離[一]，便有間斷。既戒懼，即是知，己若不知，是誰戒懼？如此見解，便要流入斷滅禪定。」

十月，舉鄉約。

先生自大征後，以爲民雖格面，未知格心，乃舉鄉約，告諭父老子弟，使相警戒。辭有曰：「頃者頑卒倡亂，震驚遠邇，父老子弟甚憂苦騷動。彼冥頑無知，逆天叛倫，自求誅戮，究言思之，實足以憫悼。然亦豈獨冥頑者之罪，有司撫養之有缺，訓迪之無方，均有責焉。雖然，父老之所以倡率飭勵於平日，無乃亦有所未至歟？今倡亂渠魁，皆就擒滅，脅從無辜，悉已寬貸。地方雖已寧復，然創今圖後，父老所以教約其子弟者，自此不可

[一] 即工夫便支離 「即」，底本訛作「的」，據全書卷一傳習録上改。

以不豫。故今特爲保甲之法，以相警戒聯屬，父老其率子弟慎行之。務和爾鄰里，齊爾姻族，德義相勸，過失相規，敦禮讓之風，成淳厚之俗。本院奉命撫巡兹土，屬有哀疚，未遑匍匐來問父老疾苦[一]，廉有司之不職，究民之利弊而興除之，故先遣告諭父老子弟，使各知悉。方春，父老善相保愛，督子弟及時農作毋惰。」

十月，再請疏通鹽法。

據户部覆疏，所允南、贛暫行鹽税，例止三年。先生念連年兵餉不及小民，而止取鹽税，所謂不加賦而財足，所助不小。且廣鹽止行於南、贛，其利小，而淮鹽必行於袁、臨、吉，以灘高也。故三府之民長苦乏鹽，而水發舟多，蔽河而下，寡不敵衆，勢莫能遏。乃上議，以爲：「廣鹽行則商税集，而用資於軍餉，賦省於貧民。廣鹽止則私販興，而弊滋於奸宄，利歸於豪右。况南、贛巢穴雖平，殘黨未盡，方圖保安之策，未有撤兵之期。若鹽税一革，軍餉之費，苟非科取於貧民，必須仰給於内帑。夫民已貧而斂不休，是驅之從盗也；

[一] 來問父老疾苦　「來」，底本訛作「未」，據天真本改。

外已竭而殫其内，是復殘其本也。臣竊以爲宜開復廣鹽，著爲定例。」得俞旨。後嘉靖十五年十二月，奉新例，廣鹽止行於南、贛、吉，至于今。

十四年己卯，先生四十八歲，在江西。

正月，疏謝陞廕。

以三洲、九連功，廕子錦衣衛，世襲副千户，辭免不准。疏謝略曰：「臣竊惟因勞而進秩者，朝廷賞功之典；量能而受禄者，人臣自守之節；故功疑惟重。雖聖帝之寬仁，而食浮於行，尤君子所深耻。陛下之賜，行其賞功之典也；臣之不敢當者，亦惟伸其自守之節而已。軍志有之：『該罰而請不罰者有誅，該賞而請不賞者有誅。』古之人君，執其賞罰，堅如金石，信如四時。是以令之所播如轟霆，兵之所加無堅敵，而功之所成無愆期。今日之事，兵事也。漢臣趙充國云：『兵事當爲後法。』臣誠自知貪冒之耻，然亦安敢狥一己之小節，以亂陛下之軍政乎？但廕子實非常典，私心終有所未安，黽勉受命，憂慚交集。自恨疾病之已纏，深懼圖報之無日。」

疏乞致仕，不允。

以祖母疾亟故也。上王晉溪瓊書有曰：「郴、衡諸處群孽，漏殄尚多。蓋緣進剿之時，彼省士兵不甚用命，廣兵防夾稍遲，是以致此。今亦未敢動作，但恐一二年後，不能保耳。閩中之變，亦由積漸所致，始於延平，繼於邵武，又發於建寧、於汀漳、於沿海諸衛所。將來之禍，不可勝言，固非迂劣如守仁所能辦此也。又况近日祖母病危，日夜痛苦，方寸已亂。伏望曲加矜憫改授，使得全首領歸，非生一人之幸也。」

六月，奉敕勘處福建叛軍。十五日丙子，至豐城，聞宸濠反，遂返吉安，起義兵。

時福州三衛軍人進貴等脅衆謀叛，奉敕往勘。以六月初九日啓行，亦移之外境以防變，瓊之微也。十五日午，至豐城，知縣顧佖迎告濠反，蓋先期十有四日，是爲乙亥，遂返舟。先是寧藩世失德，至濠奸惡獨甚，矯飾叵測，而婬虐凶穢，言不忍聞。正德初，與瑾納結，嘗風南昌諸生呈舉孝行，撫按諸司表奏，以張聲譽。安成舉人劉養正，素有詩文名，以不仕自高，屈致鼓衆。然株連富民，朘剥財産，縱大賊閔念四、凌十一等四出劫掠，以佐妄費，有不便己，即甘心焉。而仕江右者，又復多爲鷹犬自容。按察使陸完因濠器重，頗相傾附，及爲本兵，首復護衛，樹羽翼。而濠欲陰入第二子爲武宗皇帝後，大臣諸奄故皆茹賄。至是，多藏亡命京師，内官閻順等被奏[一]，朝廷悉置不問，止謫順等孝陵淨軍，濠益無忌。聞上行邊，計納都督馬昂寡妹中之。完改吏部，王瓊代，策濠必反，乃申軍律，督責撫臣，脩武備以待不虞。而諸路戒嚴，捕盜甚急，淩十一繫獄劫逃，瓊期必獲。濠始恐，復風諸生頌己賢孝，挾當道奏之以解。都御史孫燧不得已，隨衆類署，别奏其不法事，前後七上，皆爲濠卒遮留。比武宗見奏，驚曰：「保官好陞，保寧王賢孝，欲何爲，且將置我何地耶？」是時江彬寵倖日盛，太監張忠欲附彬以傾錢寧，聞是言，乃密應曰：「錢寧、臧賢交通寧王，其意未可測也。」太監張鋭初通濠，復用南昌人張儀言，附忠、彬自固。而御史熊蘭居南昌，素讐濠，少師楊廷和亦欲革護衛免患，交爲内主。上入忠言，令太監韋霦傳旨：故事，王府奏事人辭見有常，無愆期者，今故違非制，曷治之？於是試御史蕭淮疏略曰：「近奉勅旨，王人無事不得延留京師，臣有以窺陛下微意矣。

[一] 内官閻順等被奏 天真本作「其内官閻順等，潛至京師，奏發其事」。

臣不忍隱默。竊見寧王不遵祖訓，包藏禍心，多殺無辜，横奪民産，虐害忠良，招納亡命，私造兵器，潛謀不軌，官校交通，積有年歲。如致仕侍郎李士實等，皆今日亂臣賊子，關係宗社生靈安危，非細故也。陛下宜勅錦衣衛，逮繫黨與至京究治，以快人心。前鎮守太監畢真等，首保賢行，及諸前後附勢者，宜坐名罷削；布政使鄭岳、副使胡世寧，皆守正蒙害，宜亟起用；庶幾人知順逆，禍變可彌矣。」疏入，忠、彬等極口贊羡，欲内閣降勅，切責鎮巡以抑之。而給事中徐之鸞、御史沈灼等又俱連章。廷和恐禍及，將勸濠上護衛自贖，同官外廷不知也。一日，駙馬都尉崔元遣問瓊曰：「適聞宣召明早赴闕，何事？」瓊莫應，詣詰廷和，廷和陽驚曰：「何？」瓊微笑曰：「公勿欺我。」廷和愧發，徐曰：「宣德中，有疑于趙，嘗命駙馬袁泰往，竟得釋，或此意也。」明旦，瓊至左順門，見元領勅，謂曰：「此大事，何不廷宣？」乃留當廷領之。勅有曰：「蕭淮所言，關係宗社大計。朕念親親，不忍加兵，特遣太監賴義、駙馬都尉崔元、都御史顔頤壽往諭，革其護衛。」蓋用内閣意也。元等既行，廷和復令兵部發兵觀變。瓊曰：「此不可洩。近給事中孫懋、易讚建議選兵操江，爲江西備，留中日久，第請如擬行之。」廷和默然。

偵卒林華者，聞朝議二三，不得實，又逮奸細，晝夜才十八日奔告。值濠生辰，宴諸司，聞言大驚，以爲詔使此來，必用昔日蔡震擒荆藩故事。且舊制，凡抄解宫眷，始遣駙馬親臣，固不記趙王事也。宴罷，密召士實及承奉劉吉等謀之。養正曰：「事急矣。明旦諸司入謝，即可行事。」濠深謂然。是夜集閔念四、凌十一、吴十三等，飭兵以候。比旦，諸司入謝，濠出立露臺，宣言于衆曰：「孝宗爲李廣所誤，抱養民間子，我祖宗不血食者，十四年於兹矣。太后有旨，令起兵討賊，共伸大義，汝等知否？」燧曰：「請旨看。」濠曰：「不必多言，我往南京，汝保駕否？」燧曰：「天無二日，民無二王，此是大義，不知其它。」濠戟手怒曰：「你既説我孝行，如何又遣人奏我，如此反覆，豈知大義。」令縛之。按察副使許逵從下大呼曰：「孫都御史，朝廷所遣大臣，汝反賊，敢擅殺耶？」顧燧曰：「我欲先發不聽，今制於人，尚何言！」罵不絶口。校尉火信曳出惠民門外，同遇害。是時日午，天忽陰曀，遂劫鎮巡諸司下獄，奪其印。於是太監王宏、御史王金、公差主事馬思聰、金山、布政使胡濂、參政陳杲、劉斐、參議許效廉、黄宏、僉事顧鳳、都指揮許清、白昂，皆在縶。思聰、宏，不食死。濠乃僞置官屬，以吉暨涂欽、萬鋭等爲太監，迎士實爲太師，擇期迎養正南浦驛爲國師，閔念四等各爲都指揮等官，參政王綸爲兵部尚書，季斆暨僉事潘鵬、師夔輩甘聽役遣。布政使梁宸、按察使楊璋、副使唐錦、都指揮馬驥，復爲所脅，移咨府部，傳檄遠近，革正德年號，指斥乘輿。分遣所親婁伯、王春等四出收兵。○始，濠聞武宗嬖伶官臧賢，乃遣秦榮就學音樂，餽萬金及金絲寶壺。一日，武宗幸賢，賢以壺注酒，訝其光澤巧麗，曰：「何從得此？」賢吐實。武宗曰：「寧叔何不獻我？」是時小劉新得幸，濠失賄，深啣之。比罷歸，小劉笑曰：「爺爺尚思寧王物，寧王不思爺爺物足矣。不記薦疏乎？」武宗乃益疑。忠、彬因贊蕭疏，遂及賢，賢不知也。濠遣人留賢家，多複壁，外鑰木櫥，開則長巷，後通屋甚隱，人無覺者。有旨大索賢家，林華遽走會同館，得馬，故速歸。○初，寧獻王臞仙傳惠、靖、康三王，康王久無子，宮人南昌馮氏以成化丁酉生濠。康王夢蛇入宮，啖人殆盡，心惡之，欲弗舉，以内人爭免，遂匿優人家，與秦榮同寢處。稍長，淫宮中，康王憂憤且死，不令入訣。弘治丙辰襲位，通書史歌詞。而是時武宗初生，李廣用事，外間不察，妄爲飛語，濠始懷異。至是，期以八月十五日，因入試官吏生校舉事，比林華至，始改謀。○劉養正，字子吉，嘗舉奇童。會試時誤入飛語，有詩曰：「桃紅李白年年是，誰識園林舊主非。」辛未後，不復會試，製隱士服，部使者候其門，得而爲幸。而士實以名士數受濠餽，聞變就縊，爲群妾所守，不得死。白沙嘗簡以詩曰：「風光何處可憐生[一]，共把閒愁向酒傾。今日花非前日看，少年人到老年更。秦傾武穆憑張俊，蜀取劉璋病孔明。千古此冤誰洗得，老夫無計挽東溟。」若豫爲悲嘆者，吁，異哉！○先生發贛時，參隨取勑印作一扛留後堂，俟隨輿出，少頃，倉卒封門，遂忘之。行至吉安，先生登岸取勑印，左右始覺。乃發指揮某往取，以是沿途遲留。不尔，正遘宸濠宴期，不聞報於豐城矣。於乎，天乎！

十九日，疏上變。

豐城令顧佖別後，風迅，舟駛已至曲江。先生亟召參隨入，參隨望見色變，已疑有它。問曰：「會聞顧言否？」曰：「未。」曰：「寧王反矣。」參隨口噤莫能對。先生曰：「汝謀走計，

[一]　風光何處可憐生　「憐」，底本訛作「隣」，據明萬曆本白沙子全集改。

何爲若此？」且曰：「若輩盤纏少，吾有俸銀可分。」又曰：「自此西可入瑞州，吾善行，無憂也。」光曰：「夫人在舟，柰何？」先生曰：「彼意在我，得老嫗何爲？」光曰：「善行莫如馬，傾刻十里，曷若舟便？」於是始定小舟計。計甫定，舟已至黄土腦矣。參隨牽小舟，苦風逆，先生自至舟首焚香拜曰：「天若哀憫生靈，許我匡扶社稷，願即反風助順。若無意斯民，守仁無生望矣。」言與淚下。遂與蕭禹、雷濟、龍光等，登舟脱走。少頃，風漸止，北帆盡起，内官喻才來追，不及。尤念兩京仓促無備，故爲兩廣機密火牌，備云兵部咨及都御史顏咨，率領狼達官兵四十八萬江西公幹。又令濟等故爲南、贛飛報摇之。先生登小舟時，問光等：「何故遺忘一物？」曰：「何？」曰：「黄傘。」比過臨江，語實，皆曰：「是何誑我。」及張蓋，舟夫始渡江來。至新淦，方登站船，邑令李美善練士，堅請留。先生登城曰：「汝意甚善，惜城小耳。」凡四晝夜至吉安。明日庚辰，上疏告變，因推都御史王懋中、評事羅僑才識，復薦裁革兵備副使羅循、養病副使羅欽德、郎中曾直、御史周魯、同知郭祥鵬、省親進士郭持平、驛丞李中[一]、王思，

[一] 李中　底本訛作「李忠」，據全書卷十二飛報寧王謀反疏改。

當擢用以勸忠貞。乃與知府伍文定等共謀牽制，於是遵便宜制，傳檄四方，暴濠罪狀，檄列郡兵。疏留復命巡按御史謝源、伍希儒紀功，張疑兵豐城。詐爲接濟官軍公務，備云兵部題准，令許泰、郤永分領邊軍四萬，從鳳陽；劉暉、桂勇分領京邊官軍四萬，從徐、淮水陸並進；王守仁領兵二萬，楊旦等領兵八萬，陳金等領兵六萬，分道夾攻南昌。且以原奉機密勅旨爲據，故令各軍徐行，待其出城，遮擊前後以誤之。又爲士實、養正僞書，淩十一、閔念四密狀反間，令濟、光等親人計入于濠。濠既害守臣，劫諸司，據會城，乃悉拘護衛亡命，括丁壯，命淩十一等分將，欽監之，奪運船順下。戊寅，襲南康，知府陳霖等遁。己卯，襲九江，兵備曹雷、知府汪穎、指揮劉勳等遁，屬縣皆下。初，濠欲徑襲南京，遂犯北京，爲諸詐所沮，至七月二日，諜知非實，遂乘勝東下。乃屬宗支栱樤與鋭等，留兵萬餘守南昌，而自與宗支栱栟、士實、養正并閔念四等六萬人，號十萬，以吉爲監軍，綸參贊軍務，指揮葛江爲僞都督，總一百四十餘隊，分五哨出鄱陽，舳艫蔽江。過九江，令夔守之，而以鵬說安慶。時欽等攻圍安慶浹旬，知府張文錦、守備都指揮楊鋭、指揮使崔文固守不能下。◯是時，巡撫南畿都御史李充嗣飛章告變，瓊請會議左順門。衆觀望，不敢斥言濠反，但稱故事。瓊獨曰：「豎子素行不義，今倉卒造亂，豈足爲慮。都御史王守仁據上游躡之，成擒必矣。」乃頃刻覆十三疏，首詔削濠屬籍，正賊名。次請命將出師，趨南都，勅伯方壽祥防江，都御史俞諫率淮兵翊南都，且戒嚴，尚書王鴻儒主給餉。守仁率南、贛兵由臨、吉，都御史秦金率湖兵由荆、瑞會南昌。充嗣鎮鎮江，許廷光鎮浙江，叢蘭鎮儀真，遏賊衝。傳檄江西諸路，但有忠臣義士，能倡義旅擒反者，封侯。且曰：「如此，則賊如釜中魚，安能爲乎？」且令南京守備、操江諸武職，并五府掌印、僉書，即自陳取上裁，務在得人，以固根本。詔悉從之。○先生在吉安，守益趨見曰：「聞濠誘葉芳兵夾攻吉安。」先生曰：「芳必不叛。諸賊舊以茆爲屋，叛則焚之。我過其巢，許其伐鉅木，創屋萬餘金，其黨各千餘金[一]，不肯焚矣。」益曰：「彼從濠望封拜，可以尋常計乎？」先生默然良久，曰：「天下盡反，我輩固當如此做。」益惕然，一時胸中利害如洗。次早復見，曰：「昨夜思之，濠若遣逮老父，奈何？」已遣報之，急避它所。

[一] 創屋萬餘金，其黨各千餘金　全書本作「創屋萬餘，今其黨各千餘」。

壬午，再上變。

叛黨方盛，恐中途有阻，故再上。

疏乞便道省葬，不允。

先生起兵，未奉成命，故疏意遭變暫留，姑爲牽制攻守，俟命師之至。奉旨：「着督兵討賊，所奏省親事，待賊平之日來説。」

疏上僞檄。

六月廿二日，參政季斆同南昌府學教授趙承芳、旗校十二人，齎僞檄榜諭吉安，至墨潭，領哨官縛送軍門。先生即固封以進，上疏略曰：「陛下在位一十四年，屢經變難，民心騷動，尚爾巡遊不已，致使宗室謀動干戈，冀竊大寶。且今天下之覬覦，豈特一寧王？天下之奸雄，豈特在宗室？言念及此，懍骨寒心。昔漢武帝有輪臺之悔，而天下向治；唐德宗下奉天之詔，而士民感泣。伏望皇上痛自克責，易轍改絃，罷出奸諛，以回天下豪傑之心；

絶迹巡遊，以杜天下奸雄之望；則太平尚有可圖，群臣不勝幸甚。」

甲辰，義兵發吉安。丙午，大會于樟樹。己酉，誓師。庚戌，次市汊。辛亥，拔南昌。

濠兵既出，列郡兵亦漸集，乃尅期會樟樹，自督知府伍文定、通判談儲、推官王暐，以十三日甲辰發吉安。於是臨江知府戴德孺、袁州知府徐璉、贛州知府邢珣、瑞州通判胡堯元、童琦、南安推官徐文英、贛州都指揮余恩、新淦知縣李美、泰和知縣李楫、寧都知縣王天與、萬安知縣王冕，各以兵赴。初，欲登臺誓師，以事多病作，乃自書牌曰：「伍不用命者，斬隊將；隊將不用命者，斬副將；副將不用命者，斬主將。」次早己酉，呼文定四知府入，手是牌授之曰：「此是實語，不相誑也。」師遂行。次豐城，諜知賊設伏新舊廠以應省城[一]，遣奉新知縣劉守緒，從間道夜襲破之，以亂城中。庚戌，發市汊。辛亥黎明，各至信地。先是城中爲備甚嚴，及廠潰，一城皆驚。又見我師驟集，益奪氣。衆乘之，呼譟梯絙而登，遂入城，擒樤、鋭等千餘人，所遺宫眷縱火自焚。先生乃撫定居民，分釋脅從，封府庫，收印信，人心始寧。於是胡濂、劉斐、許效廉、唐錦、賴鳳、

[一] 諜知賊設伏　「設」，底本訛作「役」，據天真本、全書本改。

王玘等，皆自投首。初會樟樹，衆議安慶被圍甚急，宜引兵捄之。公曰：「南康、九江皆爲賊有，若越二城趨安慶，賊必回軍死鬭，安慶勢不能援，是我腹背受敵也。今南昌既破，賊失内據，必且歸援。如此，安慶之圍自解，賊亦且成擒矣。」卒如計。

遂促兵追濠。甲寅，始接戰。乙卯，戰于黄家渡。丙辰，戰于八字腦。丁巳，獲濠樵舍，江西平。

初，濠聞南昌告急，即欲歸援，遂解安慶圍，移沅子港。先分兵二萬趨南昌，身旋繼之。二十二日，先生偵知其故，問衆計安出，多以賊勢强盛，宜堅壁觀釁，徐圖進止。先生曰：「賊勢雖强，未逢大敵，惟以爵賞誘人。今進不得逞，退無所歸，衆已消沮。若出奇擊惰，不戰自潰，所謂先人有奪人之氣也。」會撫州知府陳槐、進賢知縣劉源清提兵亦至，乃遣伍文定、邢珣、徐璉、戴德孺各領精兵五百，分道並進，擊其不意。又遣余恩以兵四百，往來湖上誘致之。陳槐、胡堯元、童琦、談儲、王暐、徐文英、李美、李楫、王冕、王軾、劉守緒、劉源清等，各引兵百餘，四面張疑設伏，候文定等合擊之。分布既定，甲寅，乘夜急進，文定以正兵當賊鋒，恩繼之，珣遶出賊後，璉、德孺張兩翼以分其勢。乙卯，賊兵鼓譟乘風，逼黄家渡，氣驕甚。文定、恩兵交佯北，賊爭趨利，前後不相及。珣從後横擊，直貫其中，文定、恩乘之，夾以兩翼，四面伏起，賊大潰，退保八字腦。濠懼，厚賞勇者，且各盡發九江、南康守城兵益之。是日，建昌知府曾璵兵亦至。先生以爲九江不破，則湖無外援，南康不復，則我難後躡，乃遣槐領兵四百，合饒州知府林城兵攻九江[一]，以廣信知府周朝佐取南康。丙辰，賊復併力挑戰，時風勢不便，我兵少却。文定立銃砲間，火燎其鬚，殊死戰，砲及濠副舟，賊大敗，擒斬二千餘，溺死者無算。乃聚樵舍，連舟爲方陣，盡出金銀賞士。先生乃密爲火攻具，使珣擊其左，璉、德孺出其右，恩等設伏，期火發以合。丁巳，濠方晨朝群臣，責不用命者，將引出斬之。爭論未決，我兵掩至，火及濠副舟，衆遂奔散。妃嬪與濠泣别，多赴水死。濠爲知縣王冕所執，與其世子眷屬及僞黨士實、養正、劉吉、涂欽、王綸、熊瓊、盧衍、盧横、丁横、王春、吴十三、秦榮、葛江、劉勳、何塘、王行、吴七、火信等數百。復執脅從官王宏、王金、

［一］林城　底本訛作「林瑊」，據全書卷十二擒獲宸濠捷音疏改，下文倣此。

楊璋、金山、王疇、程杲、潘鵬、梁宸、郲文、馬驥、白昂等。擒斬三千，落水二萬餘，衣甲器械財物，與浮尸横十餘里。餘賊數百艘逃潰，乃分兵追剿。戊午，及于昌邑，大破之。至吴城，復斬擒千餘，死水中殆盡。己未，得槐等報，各擒斬復千餘。蓋自起兵至破賊，曾不旬日，其功凡一萬一千有奇。初，先生屢疏力疾赴閩，值寧藩變，臣子義不容舍。又閩省方面並無一人，事勢幾會，間不容髮，故復圖爲牽制攻守，以俟命師之至。疏入未報，即以捷聞。因具述寧王罪狀與積威劫人之久，及領兵知府伍文定、邢珣、徐璉、戴德孺、陳槐、曾璵、林瑊、周朝佐、署都指揮僉事余恩、分哨通判胡堯元、童琦、談儲、推官王暐、徐文英、知縣李美、李楫、王冕、王軾、劉源清、劉守緒、傅南喬、隨哨通判楊昉、陳旦、指揮馬璽[一]、高睿、孟俊、知縣張淮、應恩、王廷、顧佖、萬士賢、馬津，各分辨等第以上。復舉都御史王懋中、編脩鄒守益、御史張鰲山、郎中曾直、評事羅僑、僉事劉藍、進士郭持平、驛丞王思、李中、按察使劉遜、參政黄綉、知府劉昭，當加爵賞。其克敵制勝之故，皆實不謬，防禦委曲，有疏所不能盡，惟同事

[一] 馬璽 全書卷十二擒獲宸濠捷音疏、卷十三重上江西捷音疏作「麻璽」。

者知之。◯洪嘗見光，述張疑行間事甚悉。嘗問曰：「事濟否？」公曰：「未論濟與不濟，且言疑與不疑。」光曰：「疑固不免。」曰：「但得渠一疑，事濟矣。」後遇何圖爲武林驛丞[一]，又言：「公欲稽留宸濠，何時非間，何事非間。嘗問光曰：『曾會劉養正否？』光對曰：『熟識。』即使光行間，移養正家屬城内，善飲食之。縛齎檄人欲斬，濟躡足，遂不問。每日發牌票二百餘，左右莫知所往。臨省城，先以順逆禍福之理諭官民。聞鋭與瑞昌王助逆，遣心腹胡景隆私招各兵。人見成功之易，不知制御之甚密也。」黄弘綱聞吉安居人疑曰：「王公之戈，未知何向？」亟入告，先生笑而不答。出兵日，斬失律者殉營中，軍士股慄，不敢仰視，不知即前齎檄人也。後賊平，張、許謗議百出，天下是非益亂，非先生自信于心，烏能遽白哉？◯先生思豫爲備，會汀、漳兵備僉事周期雍以公事抵贛，知可與言，且異省，屏左右語。雍歸，即陰募驍勇，部勒以俟，故晨捧檄而夕就道。福建左布政使席書、嶺東兵備僉事王大用，亦以兵來，道聞賊平乃還。

[一] 何圖　底本訛作「河圖」，據天真本改。

致仕都御史林俊聞變，夜範錫爲佛郎機銃，并火藥法［一］，手書遣僕從間道相遺，勉以討賊。識以詩。◯先生入城，日坐都察院中，開照壁門，令可見前後，坐對士友論學不輒［二］。報至，即登堂遣之。有言伍焚鬚狀，暫如側席，遣牌斬之，略不見顔色。還坐，衆惴惴驚問，先生從容曰：「適聞對敵小却，此兵家常事，不足介意。」後聞寧王已拏，細問故，行賞訖，還坐，咸色喜驚問［三］，從容曰：「適聞寧王已擒，想不僞，但傷死者衆耳。」理前語如常，不少遺，傍觀者服其學力。◯濠就擒，乘馬入，望見遠近街渠行伍整肅，笑曰：「此我家事，何勞費心如此。」一見先生，輒託曰：「婁妃，賢妃也。自始事至今，苦諫未納，適投水死，望遣葬之。」比使往，果得屍，蓋周身皆紙繩内結，極易辨。婁爲諒女，有家學，故處變能自全。◯擒濠次日，守益入曰：「喜成不世之功。」先生曰：「不然，且喜昨晚沉睡。蓋自聞報至是，私心稍安。」

［一］并火藥法　「火」，底本訛作「大」，據天真本、全書本改。
［二］坐對士友論學不輒　據文義，「輒」當爲「輟」之訛。
［三］咸色喜驚問　「問」，底本訛作「間」，據全書本改。

八月，疏諫親征。

是時兵部會議，命將討賊。武宗詔曰：「不必命將，朕當親率六師，奉天征討。」於是假威武大將軍鎮國公行事，命太監張永、張忠、安邊伯許泰、都督劉暉，率京邊官軍萬餘，給事祝續、御史張綸隨軍紀功。雖捷音久上，不發，皆云「元惡雖擒，逆黨未盡，不捕必遺後患」。先生具疏諫止，略曰：「臣於告變之後，選將集兵，振威揚武。先攻省城，虛其巢穴，繼戰鄱湖，擊其惰歸。今宸濠已擒，謀黨已獲，從賊已掃，閩、廣赴調軍士已散，地方驚擾之民已帖。竊惟宸濠擅作辟威，睥睨神器，陰謀久蓄。招納叛亡，輦轂之動靜，探無遺跡；廣置姦細，臣下之奏白，百不一通。發謀之始，逆料大駕必將親征，先於沿途伏有姦黨，期爲博浪、荆軻之謀。今逆不旋踵，遂已成擒，法宜解赴闕門，式昭天討。然欲付之部下各官，誠恐潛布之徒，乘隙竊發，或虞意外，臣死有遺憾矣。」蓋時事方艱，賊雖擒，亂未已也。〇是月，疏免江西稅，益王、淮王餉軍，留朝覲官，恤重刑以實軍伍，處置署印、府縣從逆人，參九江、南康失事，便道省葬，前後凡九上。

再乞便道省葬，不允。

與王晋溪書曰：「始懇疏乞歸，以祖母鞠育之恩，思一面爲訣。後竟牽滯兵戈，不及一見，卒抱終天之痛。今老父衰疾，又復日亟，而地方已幸無事，何惜一舉手投足之勞，而不以曲全之乎？」

九月壬寅，獻俘錢塘，以病留。

九月十一日，先生獻俘，發南昌。忠、泰等欲追還之，議將縱之鄱湖，俟武宗親與遇戰，而後奏凱論功。連遣人追至廣信，先生不聽，乘夜過玉山、草萍驛。張永候於杭，先生見永，謂曰：「江西之民久遭濠毒，今經大亂，繼以旱災，又供京邊軍餉，困苦既極，必逃聚山谷爲亂。昔助濠尚爲脅從，今爲窮迫所激，奸黨群起，天下遂成土崩之勢。至是興兵定亂，不亦難乎？」永深然之，乃徐曰：「吾之此出，爲群小在君側，欲調護左右，以默輔聖躬，非爲掩功來也。但皇上順其意而行，猶可挽回萬一。若逆其意，徒激群小之怒，無救於天下大計矣。」於是先生信其無他，以濠付之，稱病西湖淨慈寺。○

武宗嘗以威武大將軍牌，遣錦衣千户追取宸濠。先生不肯出迎，曰：「大將軍一品，文武元不相屬，何迎爲？」往返數日，三司苦勸，先生曰：「人子於父母亂命，若可告語，當泣涕以從，忍從諛乎？」不得已，令參隨負勑出，同迎以入。有司問勞錦衣禮，先生曰：「止可五金。」錦衣怒不納。次日來辭，先生執其手曰：「我在正德間下錦衣獄甚久，未見輕財重義有如公者。昨薄物出區區意，只求備禮，聞公不納，令我惶愧。我無他長，止善作文字，他日當爲表章，令錦衣知有公也。」於是復再拜以謝，其人竟不能出他語而別。

奉勑兼巡撫江西。

十一月，返江西。

先生稱病，欲堅卧不出，聞武宗南巡已至淮陽[一]，群姦在側，人情洶洶。不得已，從京口將徑趨行在，大學士楊一清固止之。會奉旨兼巡撫江西，遂從湖口還，遂游廬山白

[一] 淮陽 天真本、全書本作「淮揚」。

鹿洞及開先寺。○忠等方挾宸濠搜羅百出，軍馬屯聚，糜費不堪。續、綸等望風附會，肆爲飛語，時論不平。先生既還南昌，北軍肆坐，曉夜呼名慢罵，或故衝導起釁[一]。先生一不爲動，務待以禮。豫令巡捕官諭市人移家于鄉，而以老羸應門。冬至將近，務哭奠如禮。始欲犒賞北軍，泰等預禁之，令勿受。乃傳示內外，述北軍離家苦楚，居民當敦主客禮。每出遇北軍喪，必停車問故，厚與之櫬，嗟嘆乃去。久之，北軍咸曰：「王都堂待我有禮，我安得犯之？」會冬至，又新經濠亂，家家上墳，哭亡酹酒，聲聞不絕。北軍無不思家，泣下求歸。先生與忠等語，不稍徇，漸已知畏。忠、泰自居所長，較射教場中，對的莫上一矢，戲以相强，意必大屈。先生不得已，勉應之，忠、泰含笑相隨，連三發三中。每一中，北軍在傍同聲喝彩，遠近嘖嘖。忠、泰大不樂而罷，且曰：「我軍皆附於彼，奈何？」遂班師。

十五年庚辰，先生四十九歲，在江西。

[一] 或故衝導起釁　「故」，底本訛作「放」，據天真本、全書本改。

正月赴召，次蕪湖。尋得旨，返江西。

忠、泰在南都，讒先生必反，惟張永保全之。武宗問忠等曰：「以何驗反？」對曰：「召必不至。」有詔面見，先生即行。忠等恐語相連，復拒之蕪湖半月，不得已，入九華山，每日宴坐草庵中。適武宗遣人覘之，曰：「王守仁，學道人也，召之即至，安得反乎？」乃有江西之命。始忠等屢矯僞命，先生不赴，至是，永有幕士順天檢校錢秉直急遣報，故得實。◯江彬欲不利於先生，先生私計彬有他，即計執彬武宗前，數其圖危宗社罪，以死相抵，亦稍償忿。徐得永解。其後六科判彬有曰：「虎旅夜驚，已幸寢謀于牛首；宮車宴駕，那堪遺恨於豹房。」若代先生言之者。◯先生赴召，至上新河，爲諸幸所讒，不得見，默坐終夜，見水波拍岸，泊泊有聲，思曰：「以一身蒙謗，死即死耳，如老親何？」謂門人曰：「此時若有一孔，可以竊父而逃，吾亦終身長往不悔矣。」聞雞鳴，促就寢曰：「彼必不來。」◯重遊化城寺：「愛山日日望山晴，忽到山中眼自明。鳥道漸非前度險，龍潭更比舊時清。會心人遠空遺洞，識面僧來不記名。莫謂中丞喜忘世，前途風浪苦難行。」

有僧坐巖中三年詩勵吾黨：「莫怪巖僧木石居，吾儕真切幾人如。經營日夜身心外，剽竊糠粃齒頰餘。俗學未堪欺老衲，昔賢取善及陶漁。年來奔走成何事，此日斯人亦起予。」

○以晦日重過開先寺，留石刻讀書臺後。詞曰：「正德己卯六月乙亥，寧藩宸濠以南昌叛，稱兵向闕，破南康、九江，攻安慶，遠近震動。七月辛亥，臣守仁以列郡之兵復南昌，宸濠擒，餘黨悉定。當此時，天子聞變赫怒，親統六師臨討，遂俘宸濠以歸。於赫皇威，神武不殺。如霆之震，靡擊而折。神器有歸，孰敢窺竊。天鑒於宸濠，式昭皇靈，嘉靖我邦國。正德庚辰正月晦，提督軍務都御史王守仁書。從征官屬列於左方。」明日，遊白鹿洞，徘徊久之，多所題識。

二月，如九江。

因遊東林、天池、講經臺諸處[一]。

是月，還南昌。

[一] 講經臺 「講」，底本訛作「諸」，據全書本改。

三月，請寬租。

江西自己卯三月不雨，至七月，禾苗枯死，繼遭濠亂，小民乘隙爲亂。先生盡心安戢，許乞優恤，至是部使數至，督促日迫。先生上疏略曰：「日者流移之民，聞官軍將去，稍稍脇息，延望歸尋故業，足未入境，而頸已繫於追求者之手矣。夫荒旱極矣，而因之以變亂；變亂極矣，而又加之以師旅；師旅極矣，而又加之以供饋，益之以誅求，亟之以徵斂。當是之時，有目者不忍觀，有耳者不忍聞，又從而剗其膏血，有人心者尚忍乎？寬恤之虛文，不若蠲租之實惠；賑濟之難及，不若免稅之易行。今不免租稅，不息誅求，而徒曰寬恤賑濟，是奪其口中之食，而曰吾將療汝之饑；刳其腹腎之肉，而曰吾將救汝之死。凡有血氣者，皆將不信之矣。」

三疏省葬，不允。

五月，江西大水，疏自劾。

是年四月，江西大水，漂溺公私廬舍，田野崩陷。先生上疏自劾四罪，且曰：「自春入夏，雨水連綿，江湖漲溢，經月不退。自贛、吉、臨、瑞、廣、撫、南昌、九江、南康，沿江諸路，無不被害。黍苗淪没，室廬漂蕩，魚鱉之民聚棲於木杪，商旅之舟經行於閭巷，潰城決堤，千里爲壑，烟火斷絶，惟聞哭聲，詢之父老，皆謂數十年所未有也。伏惟皇上軫災恤變，别選賢能，代臣巡撫。即不以臣爲顯戮，削其禄秩，黜還田里，以爲人臣不職之戒，庶亦有位知警，民困可息，天變可弭，人怒可泄，而臣亦死無憾矣。」

六月，如贛。

十四日，從章口入玉笥大秀宫。十五日，宿雲儲。十八日，至吉安，遊青原山，和黄山谷詩，遂書碑。行至泰和，少宰羅整菴公欽順以書問學。公答曰：「來教謂某大學古本之復，以人之學但當求之於内，而程、朱格物之説，不免求之於外，遂去朱子之分章而削其所補之傳，非敢然也。學豈有内外乎？大學古本，乃孔門相傳舊本耳。朱子疑其有脱誤而改正補緝之，在某則謂其本無脱誤，悉從其舊而已矣。失在過信孔子則有之，非故去朱子之分章而削其傳也。夫學貴得之心，求之於心而非也，雖其言之出於孔子，不敢以爲是也，而况其未及孔子者乎？求之於心而是也，雖其言之出於庸常，不敢以爲非也，而况其出於孔子者乎？且舊本之傳數千載矣，今讀其文辭，既明白而可通，論其工夫，又易簡而可入，亦何所按據，而斷其此段之必在於彼，彼段之必在於此，與此之如何而缺，彼之如何而誤，而遂改正補緝之，無乃重於背朱而輕於叛孔已乎。來教謂如必以學不資於外求，但當反觀内省以爲務，則正心誠意四字，亦何不盡之有，何必入門之際便困以格物一段工夫也？誠然誠然。若語其要，則脩身二字亦足矣，何必又言正心？正心二字亦足矣，何必又言誠意？誠意二字亦足矣，何必又言致知，又言格物？惟其工夫之詳密，而要之只是一事，所以爲精一之學，此正不可不思者也。夫理無内外，性無内外，故學無内外。講習討論，未嘗非内也；反觀内省，未嘗遺外也。夫謂學必資於外求，是以己性爲有外也，是義外也，用智者也；謂反觀内省爲求之於内，是以己性爲有内也，是有我也，自私者也；是皆不知性之無内外也。故曰精義入神，以致用也；利用安身，以崇德也。性之德也，合内外之道也。此可以知格物之學矣。格物者，大學之實下手處，徹首徹尾，自始學至聖人，只此工夫而已，非但入門之際有此一段也。夫正心、誠意、致知、格物，皆可以脩身，而格物者，其所以用力日可見之地。故格物者，格其心之物也，格其意之物也，格其知之物也；正心者，正其物之心也；誠意者，誠其物之意也；致知者，致其物之知也。此豈有内外彼此之分哉？理一而已，以其理之凝聚而言則謂之性，以其主宰而言則謂之心，以其主宰之發動而言則謂之意，以其發動之明覺而言則謂之知，以其明覺之感應而言則謂之物。故就物而言謂之格，就知而言謂之致，就意而言謂之誠，就心而言謂之正。正者，正此也；誠者，誠此也；致者，致此也；格者，格此也，皆所謂窮理以盡性也。天下無性外之理，無性外之物。學之不明，皆由世之儒者認理爲外，認物爲外，而不知『義外』之説，孟子蓋嘗闢之，乃至襲陷其内而不覺，豈非亦有似是而難明者歟？不可以不察也。凡執事所以致疑於格物之説者，必謂其是内而非外也；必謂其專事於反觀内省之爲，而遺棄其講習討論之功也；必謂其一意於綱領本原之約，而脱略於支條節目之詳也；必謂其沉溺於枯槁虚寂之偏，而不盡於物理人事之變也。審如是，豈但獲罪於聖門，獲罪於朱子？是邪説誣民，叛道亂正，人得而誅之也，而況於執事之正直哉？審如是，世之稍明訓詁，聞先哲之緒論者，皆知其非也，而況執事之高明乎哉？凡某之所謂格物，其於朱子九條之説，皆包羅統括於其中。但爲之有要，作用不同，正所謂毫釐之差耳。然毫釐之差，而千里之謬實起於此，不可不辨。」

是月，至贛。

先生至贛，大閲士卒，教戰法。江彬遣人來覘動静，相知者俱請回省，無蹈危疑。先生不從，作啾啾吟解之。有曰：「東家老翁防虎患，虎夜入室啣其頭。西家小兒不識虎，持竿驅虎如驅牛。」且曰：「吾在此與童子歌詩習禮，有何可疑？」門人陳九川等亦以爲言，先生曰：「公等何不講學？吾昔在省城處權豎，禍在目前，吾亦帖然。縱有大變，亦避不得，吾所以不輕動者，亦有深慮焉耳。」

七月，重上江西捷音。

武宗留南都既久，群黨欲自獻俘襲功。張永曰：「不可。昔未出京，宸濠已擒，獻俘北上，過玉山，渡錢塘，經人耳目，不可襲也。」於是以大將軍鈞帖，令重上捷音。先生乃節略前奏，入諸人名疏内，再上之。始議北旋。○尚書霍韜曰：「是役也，罪人已執，猶動衆出師；地方已寧，乃殺民奏捷。誤先朝於過舉，摇國是於將危。蓋忠、泰之攘功賊義，厥罪滔天，而續、綸之詭隨敗類，其黨惡不才亦甚矣。」御史黎龍曰：「平藩事，不難于成功，而難于倡義。蓋以逆濠之反，實有内應，人懷觀望，而一時勤王諸臣，皆捐軀亡家，以赴國難。其後忌者搆爲飛語，欲甘心之，人心何由服乎？後有事變，誰復肯任之者？」費文憲公宏送張永還朝序文曰〔一〕：「茲行也，定禍亂而不必功出于己，開主知而不使過歸乎上，節材用不欲久困乎民，扶善類不欲罪移非辜。且先是發瑾罪狀，首以規護衛爲言，寔以逆謀之成，萌於護衛之復。其早辨預防，非有體國愛民之心，不能及此。」○先生在贛時，有言萬安上下多武士者，先生令參隨往紀之，命之曰：「但多膂力，不問武藝如何。」已而得三百餘人。龍光問曰：「不問武藝，何也？」先生曰：「膂力難得，有膂力，學武藝，特易易耳。」至是，光問曰：「宸濠既平，紀此何爲？」曰：「吾聞交趾有内難，出其不意而搗之，一機會也。」後二十年，有登庸之役。

八月，咨部院雪冀元亨寃狀。

〔一〕費文憲公「憲」，底本訛作「獻」，據天真本改。

先是，宸濠攬結名士助己，凡仕江右者，多隆禮際。武陵冀元亨時爲公子正憲師，忠信可託，故遣往謝。濠不知，謂即其人，以它語相調。元亨詳與論學，濠大笑曰：「人痴乃至此耶？」立與絕。比返贛述故，先生曰：「禍在兹矣。」乃衛之間道歸。及是張、許等索釁不得，遂逮元亨，備受拷掠，無片語阿順。於是科道交疏論辨，先生尤痛苦之，備咨部院白其冤。後遇今上登極，詔將見釋，然已得疾，後五日卒於獄。同門陸澄、應典輩備棺殮，訃聞，先生爲位慟哭之。元亨，字惟乾，舉鄉試，其學以務實不欺爲主，而謹於一念。在獄，視諸囚不異一體，諸囚日涕泣，至是稍稍聽學自慰。湖廣逮其家，妻李與二女俱不怖，曰：「吾夫平生尊師講學，肯有它乎？」手治麻枲不輟，暇則誦書歌詩。事白，守者欲出之，李曰：「不見吾夫，何歸？」按察諸僚婦欲相會，辭不敢赴，已乃潔一室，就視則囚服，不釋麻枲。有問者，答曰：「吾夫之學，不出閨門衽席間。」聞者悚愧。元亨既卒，先生移文恤其家。○洪先贈女兄夫周汝方序略曰：「憶龍岡嘗自贛病歸，附廬陵劉子吉舟。劉與陽明先生素厚善，會母死，往請墓志，實以濠事暗相邀結，不合而返。至舟，顧龍岡呻吟昏瞀，意其熟寢也。呼門人王儲，嘆曰：『初意專倚陽明，兩日數調以言，若不喻意，更不得一肯綮，不上此船明矣。此事將遂已乎？且吾安得以一身當重擔也？』儲拱手曰：『先生氣弱，今天下大事屬先生，先生安所退託，陽明何足爲有無哉？』劉曰：『是固在我，多得數人更好，陽明曾經用兵爾。』儲曰：『先生以陽明爲才乎？吾見其怯也。』劉曰：『誠然。贛州峒賊，髦頭耳，乃終日練兵，若對大敵，何其張皇哉。』相與大笑而罷。龍岡反舍，語予若此，己卯二月也。其年六月，濠反，子吉與儲附之。七月，陽明先生以兵討賊。八月，俘濠。是時議者紛然，予與龍岡竊嘆莫能辨。比見詆先生者問之，曰：『吾惡其言是而行非，蓋其僞也。』龍岡舌尚在，至京師見四方人士，猶有爲前言者否乎？盍以語予者語之。」其後養正既死，先生過吉安，令有司葬其母，復爲文以奠。辭曰：「嗟嗟！劉生子吉，母死不葬，爰及干戈，一念之差，遂至于此。嗚呼哀哉！今吾葬子之母，聊以慰子之魂。蓋君臣之義，雖不得私于子之身，而朋友之情，猶得以盡於子之母也。嗚呼哀哉！」其事在是年六月。

閏八月，四疏省葬，不允。

初，先生在贛，聞祖母岑太夫人訃及海日翁病，欲上疏乞歸，會有福州之命。比中途遭變，疏請命將討賊，因乞省葬，朝廷許以「賊平之日來説」。至是凡四請。嘗聞海日翁病危，欲棄逃歸，後報平復乃止。一日，問諸友曰：「我欲逃回，何無一人贊行？」門人周仲曰：「先生思歸一念，亦似着相。」先生曰：「此相安能不着？」

九月，還南昌。

先生再至南昌，武宗駕尚未還宫，百姓嗷嗷，乃興新府工役，檄各院道取濠廢地，改造貿易，以濟饑代税，境内稍甦。嘗遺守益書曰：「自到省城，政務紛錯，不復有相講習如虔中者。雖自己舵柄不敢放手，而灘流悍急，須仗有力如吾謙之者，持篙而來，庶能相助更上一灘耳。」泰州王銀服古冠服，執木簡，二詩爲贄[一]，以賓禮見。先生下階迎之，既上坐，問：「何冠？」曰：「有虞氏冠。」問：「何服？」曰：「老萊子服。」曰：「學老萊乎？」曰：「然。」曰：「將止學其服，抑學其上堂詐跌，掩面啼哭也？」銀色動，坐

[一] 二詩爲贄　底本「二」上有空格，天真本、全書本「二」上有「以」字。

漸側。及論致知格物，悟曰：「吾人之學，飾情抗節，矯强諸外；先生之學，精深極微，得之心者也。」遂反服執弟子禮。先生易其名爲艮，字以汝止。是時陳九川、夏良勝、萬潮、歐陽德、魏良弼、李遂及裘衍日侍講席。而巡按御史唐公虞佐、督學僉事邵公思抑，皆守舊學相疑，唐復以徹講擇交相勸。先生答曰：「吾真見得良知，人人所同，特學者未得啓悟，故甘隨俗習非。今苟以是心至，吾又爲一身疑謗，拒不與言，于心忍乎？求真才者，譬之淘沙而得金，非不知沙之汰者十去八九，然未能舍沙以求金爲也。」當唐、邵之疑，人多畏避，獨王臣、魏良政、良器、鍾文奎等挺然不變，人難之。

十二月。

先生官中稍暇，即靜坐，比在都府無事。一日，嘿嘿坐花園亭中，龍光外侍，先生呼光入，問曰：「外間有何聞？」曰：「無有。」光喜得間，因造膝密告曰：「光有一語，懷之甚久，不敢言。」先生曰：「弟言之。」光曰：「宸濠就擒，江西人人自慶再生，但後主未立，光輩報恩無地，以此耿耿耳。」先生慰起之，良久曰：「汝所言吾亦思之，天地生人，自有分限，吾亦人耳。此學二千年來，不意忽得真竅，已爲過望。今僥倖成此功，若又得子，不太完全乎？汝不見草木，那有千葉石榴結果者。」光聞之悚然。

十六年辛巳，先生五十歲，在江西。

正月，居南昌。

是年，先生始言致良知。先生自南都以來，凡稟學者，皆令存天理、去人欲以爲本。有問所謂，則令自求之，未嘗指天理爲如何也。間語友人曰：「近欲發揮此學，只覺有一言發不出，津津然如含諸口，莫能相度。」久乃曰：「近覺得此學更無有它，只是這些子，了此更無餘矣。」旁有健羨不已者，則又曰：「連這些子亦無放處。」其後經宸濠、張、許之難，始有「致良知」之說。遺書守益曰：「近來信得『致良知』三字，真聖門正法眼藏。往年尚疑良知恐有未盡，今自多事以來，只此良知，無不具足。譬之操舟得舵，平瀾淺瀨，無不如意。雖遇顛風逆浪，舵柄在手，可免没溺之患耳。」一日，門人在侍，先生喟然發嘆。九川問曰：「先生何嘆也？」曰：「此理簡易明白若此，乃一經沉埋，數百年來不得出露頭面，是何說也？」九川曰：「亦爲宋儒從知解上入，認識神爲性體，故聞見日益，障道日深耳。今先生拈出『良知』二字，此古今人人真面目，更復奚疑？」先生曰：「然。譬之人有冒别姓墳墓爲祖墓者，何以爲辨？只得開壙將子孫滴血，真僞無可逃矣。我此『良知』二字，實千古聖聖相傳一點滴骨血也。」〇又曰：「某於此『良知』之說，從百死千難中得來，不是容易見得到此。此本是學者究竟話頭，可惜淪落湮埋已久。學者苦於聞見障蔽，無入頭處，不得已，與人一口說盡。只恐學者得之容易，把作一種光景玩弄，不得實落用功，負此知耳。」〇又曰：「此道至簡至易的，亦至精至微的。孔子曰：『其如示諸掌乎。』且人於掌，何日不見？及至問他掌中多少文理，却便不知。即如我『良知』二字，一講便明，誰不知得？若欲的見良知，却誰能見得？」問曰：「此知恐是無方體的，最難捉摸？」先生曰：「良知即是易，其爲道也屢迁，變動不居，周流六虛，上下無常，剛柔相易，不可爲典要，惟變所適。此知如何捉摸得？見得透時，便是聖人。」〇又與同志書曰：「聖賢論學，無不可用之工。只是『致良知』三字，尤簡易，有實下手處，更無走失。同志亦已知其說，而實用工者絶少，皆緣見良知未真，又將致字看太易了，是以多未得力。雖比支離稍有頭緒，然五十步、百步之間耳。」○又曰：「良知在夜氣發的，方是本體，以其無物欲之雜也。學者要使事物紛擾之時，常如夜氣一般，就是通乎晝夜之道而知。」○洪先考先生之學，始而馳騁於詞章，既以考索遇奇疾，乃學長生。居夷三年，困頓備嘗，無復雜念，而一專意聖學。然在滁以前，喜人靜中悟入，已而畏其沉空守寂，不可以經世宰物也。南都後，拳拳於「存天理」、「去人欲」兩言。久之，自覺此心本靈，不昧此靈，無往不善。故辛巳以後，方有「致良知」之説，而教人亦且三變。然其所指良知，固即悟入之處、天理之真，而未嘗一有所異。嘗語學者曰：「我此良知，蒼蠅停脚不得。」蓋言微乎其微，學者須用力而自得之，不可以言傳，而亦不能以言傳也。戊寅歲，敘大學古本有曰：「不務誠意，而徒以格物謂之支；不事格物，而徒以誠意謂之虛。」至是增曰：「不本於致知，而徒以格物誠意者謂之妄。支、虛與妄，其於至善也遠矣。」末又改曰：「乃若致知，則存乎心悟，致知焉盡矣。」似與初本結語若兩人然。嗚呼！吾黨曷亦反覆先生之學，詳其始末所由，凡幾變而後良知益覺光瑩，其無輕於立言哉！

録陸象山子孫。

先生以陸象山學術久抑而未彰，牌行撫州金谿官吏，將陸氏嫡派子孫，訪各處聖賢子孫事例，免其差役。有俊秀子弟，具名提學道，送學肄業。先生嘗刻象山集，爲序略曰：「世儒之支離，外索於刑名器數之末，以求明其所謂物理者，而不知吾心即物理，初無假於外也。佛老之空虛，遺棄其人倫事物之常，以求明其所謂吾心者，而不知物理即吾心，不可得而遺也。至宋周、程二子，始復追尋孔、顔之宗，而有『無極而太極』、『定之以仁義中正而主靜』之説，『動亦定，無内外，無將迎』之論，庶幾精一之旨矣。自是而後，有象山陸氏，雖其純粹和平若不逮於二子，而簡易直截，真有以接孟氏之傳。其議論開闔，時有異者，乃其氣質意見之殊，而要其學之必求諸心，則一而已。故吾嘗斷以陸氏之學，孟氏之學也。」席元山嘗聞先生論學于龍場，作鳴冤録以寄。○先生答楊士鳴書曰：「『此學如立在空中，四面皆無倚靠，萬事不容染着，色色信他本來，不容一毫增減。若涉些安排，着些意思，便不是合一工夫。』雖言句時有未瑩，亦是議擬倣象，已後只做得一箇弄精魄的漢。雖症候稍有不同，其爲病痛，一而已矣。」

五月，修南昌府志于白鹿洞。

是月，先生有歸志，欲同門久聚，共明此學。適南昌府知府吳嘉聰欲成府誌，時蔡宗兖爲南康府教授，主白鹿洞事，遂使開局洞中，集夏良勝、舒芬、萬潮、陳九川同事焉。先生遺書促守益曰：「醉翁之意蓋有在，不專以此煩勞也。區區歸遁有日，聖天子新政英明，如謙之亦宜束裝北上[一]。此會宜急圖之，不當徐徐而來也。」○始，庚辰春，甘泉湛先生避地髮履塚下，與霍兀厓韜、方叔賢同時家居爲會[二]。先生聞之，曰：「英賢之生，何幸同時共地，又可虛度光陰，失此機會耶？」是秋，兀厓過洪都，論大學輒持舊見。先生曰：「若博習書史，考正古今，以廣見聞則可。若欲以是求入聖門路，譬之採摘枝葉以綴本根，而欲通其血脉，蓋亦難矣。」至是，甘泉寄示學庸測，叔賢寄大學、洪範。先生遺書甘泉曰：「隨處體認天理，是真實不誑語，鄙說初亦如是。及究兄命意發端，却有毫釐未協，然亦終當殊途同歸也。脩齊治平，總是格物，但欲如此節節分疏，

[一] 束裝北上 「上」，底本訛作「止」，據天真本、全書本改。
[二] 同時家居爲會 天真本「爲」上有「不數」二字。

亦覺説話太多。且語意務爲簡古，比之本文，反更深晦，讀者愈難尋求，此中不無亦有心病。莫若明白淺易其詞，略指路徑，使人自思得之，更覺意味深長也。」遺書叔賢曰：「承示大學原，知用心於此深密矣。道一而已，論其大本大原，則六經四書，無不可推之而同者，又不特洪範之於大學而已。譬之草木，其同者生意也。其花實之疏密，枝葉之高下，亦欲盡比而同之，吾恐化工不如是之雕刻也。學之不明，幾百年矣。近幸同志相與切磋講求，頗有端緒。念叔賢志節，遠出流俗，所進超卓，海内諸友，實罕其儔，今忽復牽滯文義若此，吾將誰望乎？君子論學，固惟是之從，非以同爲貴，至於入門下手處，則有不容於不辨者，所謂毫釐之差，千里之謬矣。」○先是，倫彦式以訓嘗過贛問學，是月，遣其弟以諒遺書問曰：「學無靜根，感物易動，處事多悔，如何？」先生曰：「三言者，病亦相因。惟學而別求靜根，故感物而懼其易動；感物而懼其易動，是故處事而多悔也。心無動靜者也，其靜也者，以言其體也；其動也者，以言其用也。故君子之學，無間於動靜，其靜也常覺，而未嘗無也，故常應；其動也常定，而未嘗有也，故常寂。常應常寂，動靜皆有事焉，是之謂集義。集義，故能無祇悔，所謂『動亦定，靜亦定』者也。心一而已，靜其體也，而復求靜根焉，是撓其體也；動其用也，而懼其易動焉，是廢其用也。故求靜之心即動也，惡動之心非靜也，是之謂動亦動，靜亦動，將迎起伏，相尋於無窮矣。故循理之謂靜，從欲之謂動。欲也者，非必聲色貨利外誘也，有心之私，皆欲也。故循理焉，雖酬酢萬變皆靜也。濂溪所謂『無欲』之謂也，是謂集義者也。從欲焉，雖心齋坐忘亦動也。告子之强制、正助之謂也，是外義者也。」〇或問未發已發。先生曰：「只緣後儒將未發已發分説了，只得劈頭説箇無未發已發，使人自思得之。若説有箇已發未發，聽者依舊落在後儒見解。若真見得無未發已發，説箇有未發已發，原不妨有箇未發已發在。」問曰：「未發未嘗不和，已發未嘗不中。譬如鐘聲，未扣不可謂無，既扣不可謂有。畢竟有箇扣與不扣，何如？」先生曰：「未扣時原是驚天動地，既扣時也只是寂天寞地。」

六月，赴内召。尋中止，陞南京兵部尚書，參贊機務，遂疏乞便道省葬。

六月十六日，奉今上皇帝勅旨：「以爾昔能剿平亂賊，安靜地方，朝廷新政之初，特兹召用。勅至，爾可馳驛來京，毋或稽遲。」先生即於是月二十日起程，道由錢塘。有諷科道建言，以爲朝廷新政，武宗國喪，資費浩繁，不宜行宴賞之事。先生至錢塘，上疏懇乞便道歸省。朝廷准令歸省，陞南京兵部尚書，參贊機務。乞歸省疏略曰：「竊念臣自兩年以來，四上歸省之奏，皆以親老多病，懇乞暫歸省視，實皆出於人子迫切之至情。而其時復以權姦當事，讒嫉交興，臣父既老且病，頃遭讒搆之厄，危疑震恐，洶洶朝夕，常有父子不相見之痛。今幸脱洗殃咎，復睹天日，父子之情，固思一見顔面，以敘其悲慘離隔之懷，少盡菽水懽欣之樂。況臣取道錢塘，迂程鄉土，止有一日。此在親交之厚，將不能已於情，而況父子天性之愛，重以連年苦切之思乎？」○與陸澄書曰：「京中人回，聞以多病之故，將從事於養生。區區往年蓋嘗弊力於此矣，後乃知其不必如是，復一意於聖賢之學。大抵養德養身，只是一事。元靜所云真我者，果能戒謹不睹，恐懼不聞，而專心於是，則神住、氣住、精住，而仙家所謂長生久視之説，亦在其中矣。神仙之學與聖人異，然其造端托始，亦惟欲引人於道。悟真篇後序中，所謂『黄、老悲其貪着，乃以神仙之術漸次導之』者，元靜試取而觀之，其微旨亦自可識。自堯、舜、禹、湯、文、武，至於周公、孔子，其仁民愛物之心，蓋無所不至。苟有可以長生不死者，亦何惜以示人。

如老子、彭籛之徒，乃其稟賦有若此者，非可以學而至。後世如白玉蟾、丘長春之屬，皆是彼學中所稱述以爲祖師者，其得壽皆不過五六十，則所謂長生之説，當必有所指矣。元靜氣弱多病，但遺棄聲名，清心寡慾，一意聖賢。如前所謂真我之説[一]，不宜輕信異道，徒自惑亂聰明，弊精竭神[二]，廢糜歲月，久而不返，將遂爲病狂喪心之人不難矣。昔人謂三折肱爲良醫，區區非良醫，蓋嘗三折肱者。元靜其慎聽毋忽。」○又嘗曰：「仙家説到虛，聖人豈能虛上加得一毫實；佛氏説到無，聖人豈能無上加得一毫有。但仙家説虛，從養生上來；佛氏説無，從出離生死苦海上來；却於本體上加却這些子意在。良知之虛，便是天之太虛；良知之無，便是太虛之無形。日月風雷，山川民物，凡有貌象形色，皆在太虛無形中發用流行，未嘗作得天的障礙。聖人只順其良知之發用，天地萬物，俱在我良知的發用流行中，何嘗又有一物超於良知之外，能作得障礙？」

八月，至越。

[一] 如前所謂真我之説 「我」，底本訛作「義」，據天真本、全書本改。
[二] 弊精竭神 底本「神」下衍一「神」字，據天真本、全書本删。

九月，歸餘姚省祖塋[一]。

先生歸省祖塋，訪瑞雲樓，指藏胎衣地，拉淚久之[二]，蓋痛母生不及養，祖母死不及殮也。日與宗族親友宴遊，隨地指示良知。德洪聞先生講學江右，久思及門，鄉中故老，猶執往跡爲疑。洪獨潛伺動止，深信之，乃請親命，排衆議，率二姪大經、應揚及鄭寅、俞大本，因王正心通贄請見。明日，夏淳、范引年、吴仁、柴鳳、孫應奎、諸陽、徐珊、管州、谷鍾秀、黄文焕、周于德、楊珂等見，凡七十四人。○歸興：「百戰歸來白髮新，青山從此作閒人。峰攢尚憶衝鑾陣，雲起猶疑見虜塵。島嶼微茫滄海暮，桃花爛熳武陵春。而今始信還丹訣，却笑當年識未真。」

十二月，封新建伯。

制曰：「江西反賊剿平，地方安定，各該官員，功績顯著。你部裏既會官集議，分別等

[一] 歸餘姚省祖塋 「塋」，底本訛作「瑩」，據天真本、全書本改，下文倣此。

[二] 拉淚久之 「拉」，天真本、全書本作「收」。

第明白。王守仁封新建伯、奉天翊運推誠宣力守正文臣、特進光禄大夫、柱國，還兼南京兵部尚書，照舊參贊機務。歲支禄米一千石，三代并妻一體追封，給與誥券，子孫世世承襲。」正德十六年十二月十九日，兵部、吏部題，差行人齎白金文綺慰勞，兼下温旨存問父華於家，賜以羊酒。至日，適海日翁誕辰。明旦，語門人曰：「昨日腰玉，人謂至榮，晚來解衣就寢，依舊一身窮骨頭，何曾添得分毫？乃知榮辱原不在人，人自迷耳。」

今上皇帝嘉靖元年壬午，先生五十一歲，在越。

正月，疏辭封爵。

先生平賊擒濠，俱瓊先事爲謀，假以便宜行事，每疏捷，必先歸功本兵。諸有懷憾者欲阻其進，乃抑同事諸人，將紀功册務爲删削。先生以爲：「册中所載，可見之功耳。若夫帳下之士，或詐爲兵檄以撓其進止[一]，或僞書反間以離其腹心，或犯難走役而填於溝壑，或以忠抱冤而搆死獄中。有將士所不與知，部領所未嘗歷，幽魂所未及泄者，非

[一] 或詐爲兵檄以撓其進止　「詐」，底本訛作「作」，據天真本、全書本改。

册中所能盡載。今於其可見之功，而又裁削之，何以勵效忠赴義之士耶？」乃上疏乞辭封爵，且謂：「殃莫大於叨天之功，罪莫大于掩人之善，惡莫深於襲下之能，辱莫重於忘己之耻，四者備而禍全。此臣之不敢受爵者，非以辭榮也，避禍焉爾已。」疏上，不報。

二月，龍山公卒。

二月十二日己丑，海日翁疾且革。朝廷推論征藩之功，進封翁及竹軒、槐里兩公而下新建伯。是日，部咨適至，翁聞使在門，促先生及諸弟出迎，曰：「雖倉遽，烏可以廢禮？」問已成禮否，乃瞑。先生戒家人勿哭，加新冕服，拖紳，飭内外含襚諸具，始舉哀，一哭頓絶，病不能勝。門人子弟紀喪，因才任使。仙居金克厚典厨，内外井井。百日後，令弟姪輩稍進乾肉，曰：「諸子豢養習久，强其不能，是恣作僞也。稍寬之，使各自盡。」越俗，宴吊客必列餅糖，設文綺，烹鮮割肥，以競豐侈，先生盡革之。惟遇高年遠客，素食中間肉二器，曰：「齋素行于幙内，若使吊客同孝子食，非所以安高年而酧賓旅也。」後甘泉先生來吊，見肉食，不喜，遺書相責，先生引罪不辨。是年，克厚與洪同舉於鄉，克厚連舉進士，謂洪曰：「吾學得典廚而大益。」先生卧病，遠方同志日至，乃揭帖於壁曰：「某鄙劣無所知識，且在憂病奄奄中，故凡四方同志之辱臨者，皆不敢相見。或不得已而相見，亦不敢有所論説，各請歸而求諸孔孟之訓可矣。夫孔孟之訓，昭如日月，凡支離决裂，似是而非者，皆異説也。有志於聖人之學者，外孔孟之訓而他求，是舍日月之明，而希光於螢爝之微也，不亦謬乎？」

七月，再辭封爵。

七月十九日，准吏部咨，欽奉聖旨：「論功行賞，古今令典，詩書所載，具可考見。卿倡義督兵，剿除大患，盡忠報國，勞績可嘉。特加封爵，以昭公義，宜勉承恩命，所辭不允。欽此。」先是，先生上疏辭爵，乞普恩典。當國者不明軍旅之賞，而陰行考察，或賞或否，或不行賞而并削其績，或賞未及播而罰已先行，或虚受陞職之名而因使退閒，或冒蒙不忠之號而隨以廢斥。先生曰：「同事諸臣，延頸而待且三年矣。此而不言，誰復有爲之論列者？均秉忠義之氣以赴國難，而功成行賞，惟吾一人當之，人將不食其餘矣。」乃再上疏，略曰：「日者宸濠之變，實起倉卒。其横氣積威，雖在千里之外，無不震駭失措，而况江西諸郡縣，近切剥床者乎？臣未受巡撫之命，各官未奉討賊之旨，使其果懷畏死偷生之心，臣亦可如何哉？然而聞臣之調，甘粉虀之禍，從赤族之誅，以希萬一難冀之功，皆有忠義之誠者也。夫考課之典，軍旅之政，固並行而不悖，然亦不可混而施之。今也將明軍旅之賞，而陰以考課之意行于其間，人但見其賞未施而罰已及，功不録而罪有加，不能創奸警惡，而徒以阻忠義之氣，快讒嫉之心。譬之投杯醪於河水，而求飲者之醉，可得乎？」疏上，不報。是時，御史程啓充、給事毛玉，欲相率論劾，以公論皆不平。陸澄爲刑部主事，欲拆爲六辨上之[一]。先生聞而止之曰：「無辨止謗，嘗聞昔人之教矣，况今何止於是？四方英傑，以講學異同之故，議論方興，吾儕可勝辨乎？惟當反求諸己。苟其言而是歟，吾斯尚有未信歟，則當務求其非，不得輒是己而非人也。使其言而非歟，吾斯既以自信歟，則當益致踐履之實，以務求於自慊，所謂『默而成之，不言而信』者也。然則今日之多口，孰非吾儕動心忍性，砥礪切磋之地乎？且彼議論之

[一] 欲拆爲六辨上之　天真本、全書本作「上疏爲六辯以折之」，「拆」或爲「折」之訛。

興，非必有所私怨於我，彼其爲説，亦將以爲衛夫道也。况其説本自出於先儒之緒論，固各有所憑據，而吾儕之言，驟異於昔，反若鑿空杜撰者。乃不知聖人之學，本來如是，而流傳失真耳。彼既先横不信之念，莫肯虚心講究，加以吾儕議論之間，或爲勝心浮氣所乘，未免過爲矯激，則固宜其非笑而駭惑矣。此吾儕之責，未專以罪彼爲也。」澄乃止。

○是月，德洪辭赴會試，請益。先生曰：「胸中須常有舜禹天下不與氣象。」請問。曰：「舜禹有天下而身不與，又何得喪介於其中耶？」

九月，葬龍山公于石泉山。

嘉靖二年癸未，先生五十二歲，在越。

二月。

南宫策士以心學爲問，陰寓去取之意。門人徐珊讀策問，嘆曰：「吾惡能昧吾之知，以幸時好？」即不答而出。聞者難之，曰：「尹彦明後一人也。」同門歐陽德、王臣、魏良弼等，直發師旨不諱，亦在取列，識者以爲進退有命。德洪下第歸，深恨時事之乖，見先生。先生喜而相接，曰：「聖學從茲大明矣。」德洪曰：「時事如此，何見大明？」先生曰：「吾學惡得遍語天下士，今會試録，雖窮鄉深谷無不到矣。吾學既非，天下必有起而求真是者。」○鄒守益、薛侃、黄宗明、馬明衡、王艮等侍，因言謗議日熾。先生曰：「諸君且言其故。」有言先生勢位隆盛，是以忌嫉謗；有言先生學明，爲宋儒爭異同，則以學術謗；有言天下從遊者衆，與其進不保其往，又以身謗。先生曰：「三言者，誠皆有之，特吾自知，諸君論未及耳。」請問。曰：「吾自南京已前，尚有鄉愿意思在。今信得良知，只從良知真是真非，更無掩藏迴護。我今纔做得狂者，使天下盡説我行不掩言，吾亦只依良知行。」請問鄉愿、狂者之辨。曰：「鄉愿以忠信廉潔見取於君子，以同流合污無忤於小人，故非之無舉，刺之無刺，其處身亦周矣。然究其心，則閹然以媚世也，乃知其忠信廉潔所以媚君子也，同流合污所以媚小人也。其心已破壞矣，故不可與入堯舜之道。狂者志存古人，一切紛囂俗染，舉不足以累其心，真有鳳凰翱翔寥廓之意，特一克念，即聖人矣。惟不克念，故闊略事情，而行甞不掩。惟其不掩，故心尚未壞，而庶可與裁。」曰：「鄉愿何以斷其媚世？」曰：「自其譏狂狷而知之。狂狷不與俗諧，而謂生斯世也，爲斯世也，善斯可矣，此鄉愿志也。故其所爲，皆色取不疑，所以謂之『似』。三代以下，士之取盛名於時者，不過得鄉愿之似而已。然究其忠信廉潔，或未免致疑於妻子也。雖欲純乎鄉愿，亦未易得，而况聖人之道乎！」曰：「狂狷爲孔子所思，然至于傳道，終不及琴張輩而傳曾子，豈曾子亦狷者之流乎？」先生曰：「不然。琴張輩，狂者之稟也，雖有所得，終止於狂。曾子，中行之稟也，故能悟入聖人之道。」

○先生與宗賢書曰：「近與尚謙、子莘、宗明講孟子『鄉愿狂狷』一章，頗覺有所警發，相見時須與一論。四方朋友去來無定，中間不無切磋砥礪之益，但真有力量能擔荷得者，亦自少見。大抵近世學者，無有必爲聖人之志，胸中有物，未得清脱耳。聞引接同志，孜孜不怠，甚善，但論議須謙虛簡明爲佳。若自處過任而詞意重復，却恐無益而有損也。」

○與尚謙書曰：「謂自咎罪疾，只緣輕傲二字累倒，足知用力懇切。但知輕傲處，便是良知；致此良知，除却輕傲，便是格物。致知二字，是孔門正法眼藏。千古人品，高下真僞，一齊覰破，毫髮不容掩藏，前所論鄉愿，可熟味也。致知二字，在虔時終日論此，同志中尚多未徹。近于古本序中改數語，頗發此意，然見者往往亦不能察。今寄一紙，幸更熟味。此乃千古聖學之秘，從前儒者多不曾悟到，故其說入于支離外道而不覺也。」別諫之：「珍重江船冒暑行，一宵心話更分明。須從根本求生死，莫向支流辯濁清。久奈世儒横臆説，競搜物理外人情。良知底用安排得，此物由來自渾成。」

九月，改葬龍山公於天柱峰，鄭太夫人於徐山。

鄭太夫人嘗附葬餘姚穴湖，至是欲改殯郡南石泉山，合葬公壙，比啓土，有水患，先生夢寐不寧，遂改葬。

十一月，至蕭山。

林見素公自都御史致政歸，道錢塘，渡江來訪，先生趨迎于蕭山浮峰寺。公相對感慨，慰從行諸友，及時勉學，無負初志。○張元冲在舟中問：「二氏與聖人之學，所差毫釐，謂其皆有得於性命也。但二氏於性命中着些私利，便謬千里矣。今觀二氏作用，亦有切於吾身者，不知亦須兼取否？」先生曰：「説兼取便不是。聖人盡性至命，何物不具，何待兼取？二氏之用，皆我之用，即吾盡性至命中完養此身謂之仙，即吾盡性至命中不染世累謂之佛。但後世儒者不見聖學之全，故與二氏成二見耳。譬之廳堂三間，共爲一廳。儒者不知皆吾所用，見佛氏，則割左邊一間與之；見老氏，則割右邊一間與之；而己則自處中間，皆舉一而廢百也。聖人與天地民物同體，儒佛老莊，皆吾之用，是之謂大道。二氏自私其身，是之謂小道。」

嘉靖三年甲申，先生五十三歲，在越。

正月。

郡守南大吉以座主稱門生，然性豪曠，不拘小節，不甚相信。見門人日益，心疑焉，故遣弟逢吉覘之，聞言歸，備以告。如是數日，悟曰：「所學是也。」始數來見，且曰：「大吉臨政多過，先生何無一言？」先生曰：「何過？」大吉歷數其事。先生曰：「吾言之矣。」大吉曰：「何？」曰：「吾不言，何以知之？」曰：「良知。」先生笑曰：「良知非我常言而何？」大吉笑謝而去。居數日，復自數過加密，且曰：「與其過後悔改，曷若預言不犯爲佳？」先生曰：「人言不如自悔之真。」大吉笑謝而去。居數日，復自數過益密，且曰：「身過可免[一]，心過奈何？」先生曰：「昔鏡未開，可得藏垢，今鏡明矣，雖一塵落，亦難住脚。此正入聖之機也，勉之。」於是闢稽山書院，聚八邑彦士，而蕭璆、楊汝榮、楊紹芳等來自湖廣，楊仕鳴、薛宗鎧、黄夢星等來自廣東，王艮、孟源、周衝等來自直隸，何秦、黄弘綱等來自南、贛，劉邦采、劉文敏等來自安福，曾忭來自泰和，魏良政、魏良器等來自新建，宮剎卑隘，至不能容，蓋環而聽者三百餘人。先生臨之，只發大學萬物同體之旨，使人各求本性，致極良知以止於至善。功夫有得，因方設教，故人人悦其易從。

二月。

海寧董澐，號蘿石，以能詩聞江湖間。年六十八，來遊會稽，聞先生講學，杖肩瓢笠詩卷來訪，入門長揖上坐。先生異其氣貌，敬之，與語連日夜。澐有悟，因何秦請納拜，先生不許。歸與其妻織一縑爲贄，復因秦來强。先生與之徜徉山水間，澐日有聞，忻然

[一] 身過可免　「免」，天真本、全書本作「勉」。

樂而忘歸也。其鄉子弟社友皆招之返，且曰：「翁老矣，何乃自苦若是？」澐曰：「吾方幸逃於苦海，憫若之自苦也，顧以吾爲苦耶？吾方揚鬐於渤澥，而振羽于雲霄之上，安能復投網罟而入樊籠乎？去矣，吾將從吾之所好。」遂自號曰「從吾道人」。先生爲之記。○德洪攜二弟仲冕、仲實與先生仲弟守文，讀書城南之謝墅，已而魏良器輩與遊禹穴諸勝，十日忘返。德洪父心漁翁疑妨舉業，二子曰：「講學以求晦翁之説，譬打蛇尋七寸也，翁何憂？」疑不釋，以問先生曰：「聖賢之學，果無妨舉業乎？」先生曰：「豈特無妨，乃大益耳。」請問焉。曰：「學聖賢者，譬之治家，其產業第宅、服食器物，皆所自置而自享用。欲請客，出其所有以享之；客去，其物具在，還以自享，終身用之無窮也。今之爲舉業者，譬之治家不務居積，專以假貸爲功。欲請客，自廳事以至供具百物，莫不遍借。客幸而來，則諸貸之物，一時豐裕可觀；客去，則盡以還人，一物非其所有。若請客不至，則時過氣衰，借貸亦須不備，終身奔勞，作一窶人而已。是求無益于得，求在外也。」明年乙酉大比，稽山書院錢楩與魏良政並發解江浙，翁聞之笑曰：「打蛇得七寸矣。」後仲實與諸姪竟相繼登弟。

四月。

紹興名其蒞政之堂曰「親民」，先生記之。略曰：「至善也者，明德親民之極。天命之性，粹然至善，其靈昭不昧，皆其至善之發見，是乃明德之本體，而所謂良知者也。至善之發見，是而是焉，非而非焉，固吾心天然自有之則，而不容有所擬議加損於其間也。有所擬議加損於其間，則是私意小智，而非至善之謂矣。人惟不知至善之在吾心，而用其私智，以求之於外，是以昧其是非之則，至於横騖决裂，人欲肆而天理亡，明德親民之學大亂於天下。故至善之於明德親民也，猶之規矩之於方圓也，尺度之於長短也，權衡之於輕重也。方圓而不止於規矩，爽其度矣；長短而不止於尺度，乖其制矣；輕重而不止於權衡，失其準矣；明德親民而不止於至善，亡其則矣。夫是之謂大人之學。大人者，以天地萬物爲一體也，夫然後能以天地萬物爲一體。」○先生答陸澄書有曰：「妄心則動也，照心非動也。恒照，則恒動恒靜，天地之所以恒久而不已也。照心固照也，妄心亦照也，其爲物不貳，則其生物不息。有刻暫停則息矣，非至誠無息之學矣。」又曰：「良知者，心之本體，即前所謂恒照者也。心之本體，無起無不起。雖妄念之發，而良知未嘗不在，但人不知存，則有時而或放耳。雖昏塞之極，而良知未嘗不明，但人不知察[一]，則有時而或蔽耳。雖有時而或放，其體實未嘗不在也，存之而已耳。雖有時而或蔽，其體實未嘗不明也，察之而已耳。若謂良知亦有起處，則是有時而不在，非其本體之謂也。」又曰：「精一之精以理言，精神之精以氣言。理者，氣之條理；氣者，理之運用。無條理則不能運用，無運用，則亦無以見其所謂條理者矣。精則精，精則明，精則一，精則神，精則誠，一則精，一則明，一則神，一則誠，原非有二事也。但後儒與養生之説，各滯一偏，不相爲用，然作聖之功，寔亦不外此。」又曰：「良知一也，以其妙用而言謂之神，以其流行而言謂之氣，以其凝聚而言謂之精，安可以形象方所求哉？真陰之精，即真陽之氣之母；真陽之氣，即真陰之精之父。陰根陽，陽根陰，亦非有二也。」又曰：「未發之中，即良知也，無前後内外而渾然者也。有事無事可以言動靜，而良知無分於有事無事也。寂然感通可以言動靜，而良知無分於寂然感通也。動靜者，所遇之時，心之本體固無分於動靜也。理無動者也，動即爲欲。循理，則雖酧酢萬變而未嘗動也；從

[一] 但人不知察 「人」，底本訛作「明」，據全書卷二答陸原靜書改。

欲，則雖槁心一念而未嘗靜也。『動中有靜，靜中有動』，又何疑乎？有事而感通固可以言動，然而寂然者未嘗有增也。無事而寂然固可以言靜，然感通者未嘗有減也。『動而無動，靜而無靜』，又何疑乎？無前後内外而渾然一體，則至誠有息之疑不待解矣。未發在已發之中，而已發之中未嘗別有未發者在；已發在未發之中，而未發之中未嘗別有已發者存。是未嘗無動靜，而不可以動靜分者也。凡觀古人言語，在以意逆志，而得其大旨。周子『靜極而動』之説，苟不善觀，亦未免有病。蓋其從『太極動而生陽，靜而生陰』説來，太極生生之理，妙用無息而常體不易。太極之生生，即陰陽之生生。就其生生之中，指其妙用無息者而謂之動，謂之陽之生，非謂動而後陽也；就其生生之中，指其常體不易者而謂之靜，謂之陰之生，非謂靜而後陰也。若果靜而後生陰，動而後生陽，則是陰陽動靜，截然各自爲一物矣。陰陽，一氣也，一氣屈伸而爲陰陽；動靜，一理也，一理隱顯而爲動靜。春夏可以爲陽爲動，而未嘗無陰與靜也；秋冬可以爲陰與靜，而未嘗無陽與動也。春夏此不息，秋冬此不息，皆可謂之陽，謂之動也；春夏此常體，秋冬此常體，皆可謂之陰，謂之靜也。自元會運世，歲日月時，以至刻杪忽微，莫不皆然。

所謂動靜無端，陰陽無始，在知道者默而識之，非可以言語窮也。」又曰：「照心非動者，以其發於本體明覺之自然，而未嘗有所動也，有所動即妄矣。妄心亦照者，以其本體明覺之自然者未嘗不在於其中，但有所動耳，無所動即照矣。無妄無照，非以妄爲照，以照爲妄也。照心爲照，妄心爲妄，是猶有妄有照也。有妄有照，則猶二也，貳則息矣。無妄無照，則不貳，不貳則不息矣。」又曰：「樂是心之本體，雖不同於七情之樂，而亦不外於七情之樂。雖則聖賢別有真樂，而亦常人之所同固有〔一〕。但常人有之而不自知，反自求許多憂苦，自加迷棄。雖憂苦迷棄之中，而此樂又未嘗不存。但一念開明，反身而誠，則即此而在矣。每與原靜論，無非此意，而原靜尚有何道可得之問，猶是未免騎驢覓驢之蔽也。」又曰：「聖人致知之功，至誠無息，其良知之體，皎如明鏡，略無纖翳。妍媸之來，隨物見形，而明鏡曾無留染，所謂『情順萬事而無情』也。『無所住而生其心』〔二〕，佛氏曾有是言，未爲非也。明鏡之應物，妍者妍，媸者媸，一照而皆真，

〔一〕而亦常人之所同固有　全書卷二答陸原靜書無「固」字。
〔二〕無所住而生其心　「住」，底本訛作「往」，據全書卷二答陸原靜書改。

即是生其心處。妍者妍，媸者媸，一過而不留，即是無所住處。病瘧之喻，誠已見其精切，則此節所問，可以釋然。病瘧之人，瘧雖未發而病根自在，則亦安可以其瘧之未發，而遂忘其服藥調理之功乎？若必待瘧發而後服藥調理，則既晚矣。致知之功，無間於有事無事，而豈論於病之已發未發？大抵原靜所疑，前後雖若不一，然皆起於自私自利，將迎意必之爲祟。此根一去，則前後所疑，自將冰消霧釋，有不待於問辨者矣。」○答周道通書有曰：「生之謂性，性字即是氣字，猶言氣即是性也。氣即是性，人生而靜以上不容說，才說氣即是性，即已落在一邊，不是性之本原矣。孟子『性善』，是從本原上說，然性善之端，須在氣上始見得，若無氣，亦無可見矣。惻隱、羞惡、辭讓、是非，即是氣。程子謂『論性不論氣不備，論氣不論性不明』，亦是爲學者各認一邊，只得如此說。若見自性明白時，氣即是性，性即是氣，原無性氣之可分也。」

八月。

是年中秋夜，月色如晝，先生命侍者設席，款門人百餘天泉橋上。酒半酣，先生退，令侍者勸飲。於是歌聲漸動，久之，或投壺，或聚骰，或擊鼓，或泛舟，盡興而罷。先生旁覩悦之，有「鏗然舍瑟春風裏，點也雖狂得我情」之句。明日，諸生入謝。先生曰：「昔日孔子在陳，思魯之狂士。世之學者，没溺于富貴聲利嗜欲之場，如拘如囚，自投枷鎖，而莫之省脱，及聞孔子之教，始知一切俗緣，皆非性體，乃豁然脱落。但見得此意，不加躬修實踐，以日入于精微，則便有輕滅世故，闊略倫理之病。雖比世之庸庸瑣瑣者不同，然其過中失正，未得于道，一也。故孔子在陳，思歸裁以進之。今諸君在此講學，但患未得此意。今幸有見，正好精詣力造，求志於道〔一〕，無以一見自足，終止于狂可也。」

○是月，舒柏有敬畏累灑落之問，劉侯有入山養靜之問。先生曰：「君子之敬畏，非有所恐懼憂患之謂也，乃戒謹不睹、恐懼不聞之謂耳。君子之灑落，非曠蕩放逸、縱情肆意之謂也，乃其心體不累於欲，無入而不自得之謂耳。夫心之本體，即天理也。天理之昭明靈覺，所謂良知也。君子之戒慎恐懼，惟恐昭明靈覺者或有所昏昧放逸，流於非僻邪妄，失本體之正耳。戒慎恐懼之功，無時或間，則天理常存，而其昭明靈覺之本體無

〔一〕求志於道　「志」，天真本、全書本作「至」。

所虧蔽，無所牽擾，無所意必固我，無所歉餒愧怍，和融瑩徹，充塞流行，動容周旋而中禮，從心所欲而不踰，斯乃所謂真灑落也。是灑落生於天理之常存，天理常存生於戒慎恐懼之無間，孰謂敬畏之增乃爲灑落累耶？」劉侯「入坐窮山，絶世故，屏思慮，養吾靈明，通晝夜而不息，然後以無情應世故」。且云「於靜中求之，似爲徑直，切勿流於空寂而已」。「觀前後所論，皆不爲無見。但爲學如良醫治病，隨其疾之虚實寒熱，而斟酌補泄之，要在去病而已。初無一定之方，必使人人服之也。君子養心之學，亦自量其受病深淺，而斟酌爲之耳。但專欲絶世故，屏思慮，偏於虚靜，則恐既已養成空寂之性，雖欲勿流於空寂，不可得矣。大抵治病雖無一定之方，而以去病爲主，則是一定之法。若但知隨病用藥，而不知因藥發病，其失一而已矣。」〇又嘗見學者持守太堅，了無生意。問曰：「吾見諸生數日，得無差却宗指乎？」諸生曰：「先生嘗言『不睹不聞是本體，戒慎恐懼是工夫』，以此工夫守此本體，未嘗敢錯。」先生曰：「今見得正不然，不睹不聞是工夫，戒慎恐懼是本體。」於是爭論數日不決，久之，先生乃解曰：「不睹不聞若非工夫，安得逼真？戒慎恐懼若非本體，安得無意？故吾嘗言，合得本體便是工夫，做得工夫纔是本體。」一時聞者無不灑然。◯一日，先生入寺，訪黃弘綱、魏良器、良政，一道者在旁打坐，聞語起立。先生與二人問答移時，迨暮乃去，未嘗一目道者。王畿素善良器，嘗以妨誤舉業病之，良器多方誘勸，務俾轉移，竟與同門。後良器卒，畿語及必下涕。◯是時，大禮議起，先生夜坐碧霞池上，有詩曰：「一雨秋涼入夜新，池邊孤月倍精神。潛魚水底傳心訣，棲鳥枝頭説道真。莫謂天機非嗜慾，須知萬物本吾身。無端禮樂紛紛議，誰與青天掃宿塵。」又曰：「獨坐秋庭月色新，乾坤何處更閑人。高歌度與清風去，幽意自隨流水春。千聖本無心外訣，六經須拂鏡中塵。却憐擾擾周公夢，未及惺惺陋巷貧。」蓋已示其微矣。四月，服闋，朝中屢疏引薦。霍兀厓、席元山、黃宗賢、黃宗明先後皆以禮問，竟不答。

九月。

秋聲：「秋來萬木發天聲，點瑟回琴日夜清。絶調迥隨流水遠，餘音細入晚雲輕。洗心空已真千古[一]，傾耳誰能辨九成。徒使清風傳律吕，人間瓦缶正雷鳴。」

十月，門人南大吉續刻傳習録。

傳習録，薛侃首刻於虔，凡三卷。至是年，大吉取先生論學書，復增五卷，續刻於越。逢吉有疑於博約先後之訓。先生曰：「理一而已矣，心一而已矣。故聖人無二教，而學者無二學。博文以約禮，格物以致其良知，一也。故先後之説，後儒支謬之見也。夫禮也者，天理也。天命之性，具于吾心，其渾然全體之中，而條理節目森然畢具，是故謂之天理。天理之條理謂之禮，是禮也，其發見於外，則有五常百行，酧酢變化，語默動静，升降周旋，隆殺厚薄之屬。宣之於言而成章，措之於爲而成行，書之於册而成訓，炳然蔚然。其條理節目之繁，至於不可窮詰，是皆所謂文也。是文也者，禮之見於外者也；禮也者，文之存於中者也。文，顯而可見之禮也；禮，微而難見之文也。是所謂體用一源，而顯微無間者也。是故君子之學也，於酧酢變化、語默動静之間，而求盡其條

[一] 洗心空已真千古　按原詩見全書卷二十，此句作「洗心真已空千古」。

理節目焉，非他也，求盡吾心之天理焉耳矣；於升降周旋、隆殺厚薄之間，而求盡其條理節目焉，非他也，求盡吾心之天理焉耳矣。求其條理節目焉者，博文也；求盡吾心之天理焉者，約禮也[一]。文散於事而萬殊者也，故曰博；理根於心而一本者也，故曰約。博文而非約之以禮，則其文爲虚文，而後世功利辭章之學矣；約禮而非博學於文[二]，則其禮爲虚禮，而佛老空寂之學矣。是故約禮必在於博文，而博文乃所以約禮。二之而分先後焉者，是聖學之不明，而功利異端之説亂之也。昔者顔子之始學於夫子也，蓋亦未知道之無方體形像也，而以爲有方體形像也；未知道之無窮盡止極也，而以爲有窮盡止極也。是猶後儒之見事事物物皆有定理者也，是以求之仰鑽瞻忽之間，而莫得其所謂。及聞夫子博約之訓，既竭吾才以求之，然後知天下之事，雖千變萬化，而皆不出於此心之一理；然後知殊途而同歸，百慮而一致；然後知斯道之本無方體形像，而不可以方體形像求之也；本無窮盡止極，而不可以窮盡止極求之也。故曰：『雖欲從之，末由也已。』

[一] 約禮也　「禮」，底本訛作「理」，據全書卷七博約説改。

[二] 約禮而非博學於文　「禮」，底本訛作「理」，據全書卷七博約説改。

蓋顏子至是而始有真實之見矣。博文以約禮，格物以致其良知也，亦寧有二學乎哉？」

○在越數年，門人日進，上自縉紳，下至藝術，莫不畢聚。每入見，各以類從，不相混雜。有疑問者，謂之曰：「如此，彼此心安，不至動氣耳。」○示諸生：「爾身各各自天真，不用求人更問人。但致良知成德業，謾從故紙費精神。乾坤是易原非畫，心性何形得有塵？莫道先生學禪語，此言端的爲君陳。」

陽明先生年譜下卷

門人錢德洪 編次
後學羅洪先 考訂

四年乙酉，先生五十四歲，在越。

正月，夫人諸氏卒。

四月，祔葬徐山。

稽山書院建尊經閣，先生記略曰：「昔者聖人之扶人極，憂後世而述六經也，猶之富家者之父祖慮其產業庫藏之積，其子孫者或至於遺忘散失，卒困窮而無以自全也，而記籍其家之所有以貽之，使之世守其產業庫藏之積而享用焉，以免於困窮之患。故六經者，吾心之記籍也，而六經之實，則具於吾心。猶之產業庫藏之實，種種色色，具存於其家，其記籍者，特名狀數目而已。而世之學者，不知求六經之實於吾心，而徒考索於影響之間，牽制於文義之末，硜硜然以爲是六經矣。是猶富家之子孫不務守成規，享用其產業庫藏之實積，日遺忘散失，至於窶人丐夫，而猶囂囂然指其記籍曰：斯吾產業庫藏之積也。何以異於是？」○山陰重修縣學，先生記略曰：「夫聖人之學，心學也，學以求盡其心而已。堯、舜、禹之相授受曰：『人心惟危，道心惟微，惟精惟一，允執厥中。』道心者，率性之謂，而未雜於人，無聲無臭，至微而顯，誠之源也。人心則雜於人而危矣，僞之端矣。見孺子之入井而惻隱，率性之道也；從而內交於其父母焉，要譽於鄉黨焉，則人心矣。飢而食，渴而飲，率性之道也；從而極滋味之美焉，恣口腹之饕焉[一]，則人心矣。惟一者，一於道心也；惟精者，慮道心之不一而或二之以人心也。道無不中，一於道心而不息，是謂允執厥中矣。聖人既没，心學晦而人僞行，功利訓詁、記誦辭章之徒，紛沓而起，支離決裂，歲盛月新，相沿相襲，各是其非，人心日熾，而不復知有道心之微。

[一] 恣口腹之饕焉 「恣」，底本訛作「咨」，據全書卷七重修山陰縣儒學記改。

間有覺其紕繆，而略知反本求源者，則又鬨然指爲禪學而群訾之。嗚呼！心學何由而復明乎？夫禪之學與聖人之學，皆求盡其心也，亦相去毫釐耳。聖人之求盡其心也，以天地萬物爲一體也。裁成輔相，成己成物，而求盡吾心焉耳。心盡而家以齊，國以治，天下以平，故聖人之學，不出乎盡心。禪之學非不以心爲說，然其意以爲是達道也者，固吾之心也。吾惟不昧吾心於其中，則亦已矣，而亦豈必屑屑於其外？其外有未當也，則亦豈必屑屑於其中？斯亦其所謂盡心者矣，而不知陷於自私自利之偏，是以外人倫，遺事物，以之獨善或能之，而要之不可以治家國天下。蓋聖人之學，無人己，無內外，一天地萬物以爲心，而禪之學起於自私自利，而未免於內外之分，斯其以爲異也。今之爲心性之學者，而果外人倫，遺事物，則誠所謂禪矣。使其未嘗外人倫，遺事物，而專以存心養性爲事，則固聖門精一之學也，而可以謂之禪乎哉？」

六月，禮部尚書席書薦。

御史石金等交章論薦，皆不報。尚書席書特薦曰：「生在臣前者見一人，曰楊一清；生在臣後者見一人，曰王守仁。且欲親領誥券，趨闕謝恩。」於是楊一清入閣辦事。明年，先生有領券謝恩之召，尋不果。

九月，歸姚省墓。

先生書龍泉寺中天閣壁以勉諸生曰：「雖有天下易生之物，一日暴之，十日寒之，未有能生者也。承諸君之不鄙，每予來歸，咸集於此，以問學爲事，甚盛意也。然不能旬日之留，而旬日之間，又不過三四會。一別之後，輒復離群索居，不相見者，動經年歲，然則豈惟十日之寒而已乎？若是而求萌蘖之暢茂條達，不可得矣。故予切望諸君，勿以予之去留爲聚散，或五六日，八九日，雖有俗事相妨，亦須破冗一會於此。務在誘掖獎勸，砥礪切磋，使道德仁義之習，日親日近，則世利紛華之染〔一〕，亦日遠日疏，所謂相觀而善，百工居肆以成其事者也。相會之時，尤須虛心遜志，相親相敬。大抵朋友之交，以相下爲益。或議論未合，要在從容涵育，相感以誠，不得動氣求勝，長傲遂非，務在默而成之，不言而信。其或矜己之長〔二〕，攻人之短，粗心浮氣，矯以沽名，訐以

〔一〕則世利紛華之染「世」，天真本、全書本作「勢」。

〔二〕其或矜己之長「矜」，底本訛作「務」，據天真本、全書本改。

爲直，挾勝心而行憤嫉，以圮族敗群爲志，則雖日講時習於此，亦無益矣。諸君念之念之。」會日，每月以朔望、初八、二十三爲期。○答顧東橋璘書有曰：「朱子所謂『格物』云者，在即物而窮其理，即物窮理，是就事事物物上求其所謂定理者也。是以吾心而求理於事事物物之中，析心與理而爲二矣。夫求理於事事物物者，如求孝之理於其親之謂也。求孝之理，果在於吾之心邪？抑果在於親之身邪？假而果在於親之身，而親没之後，吾心遂無孝之理歟？見孺子之入井，必有惻隱之理，是惻隱之理，果在孺子之身歟？抑在於吾心之良知歟？其或不可以從之於井歟？其或可以手援之歟？是皆所謂理也，是果在於孺子之身歟？抑果出於吾心之良知歟？以是例之，萬事萬物之理，莫不皆然。是可以知夫析心與理爲二，此告子『義外』之説，孟子之所深闢也。務外遺内，博而寡要，吾子既已知之矣。是果何謂而然哉？謂之玩物喪志，尚猶以爲不可歟？若鄙人所謂致知格物者，致吾心之良知於事事物物也。吾心之良知，即所謂天理也。致吾心之天理於事事物物，則事事物物皆得其理矣。致吾心之良知者，致知也；事事物物皆得其理者，格物也；是合心與理而爲一者也。合心與理而爲一，則凡區區前之所云，與朱子晚年之論，皆可不言而喻矣。」又曰：「區區論致知格物，正所以窮理，未嘗戒人窮理，使之深居端坐，而一無所事也。若謂即物窮理，如前所云務外而遺内者，則有所不可耳。昏闇之士，果能隨事隨物精察此心之天理，以致其本然之良知，則雖愚必明，雖柔必强。大本立而達道行，九經之屬，可一以貫之而無遺矣。尚何患其無致用之實乎？彼頑空虚靜之徒，惟隨事隨物精察此心之天理[一]以致其本然之良知，而遺棄倫理，寂滅虚無以爲常，是以要之不可以治家國天下[二]。孰謂聖人窮理盡性之學，而亦有是弊哉？心者，身之主也，而心之虚靈明覺，即所謂本然之良知也。其虚靈明覺之良知，應感而動者謂之意，有知而後有意，無知則無意矣，知非意之體乎？意之所用，必有其物，物即事也。如意用於事親，即事親爲一物；意用於治民，即治民爲一物；意用於讀書，即讀書爲一物；意用於聽訟，即聽訟爲一物。凡意之所在，無有無物者，有是意即有是物，無是意即無

[一] 惟隨事隨物精察此心之天理　天真本作「不知隨事隨物精察此心之天理」。按全書卷二答顧東橋書「惟」下有「不能」二字。
[二] 不可以治家國天下　「治」，底本訛作「致」，據天真本改。

是物，物非意之用乎？『格』字之義，有以『至』字訓者。如『格于文祖』，必純孝誠敬，幽明之間，無一不得其理，而後謂之『格』。有苗之頑，實『文德誕敷』而後『格』，則亦兼有『正』字之義在其間，未可專以『至』字盡之也。如『格其非心』、『大臣格君心之非』之類，是則一皆正其不正以歸於正之義，而不可以『至』字爲訓矣。且大學『格物』之訓，又安知其不以『正』字爲義乎？如以『至』字爲義者，必曰『窮至事物之理』而後其説始通。是其用功之要，全在一『窮』字；用力之地，全在一『理』字也。若上去一『窮』字，下去一『理』字，而直曰『致知在至物』，其可通乎？夫『窮理盡性』，聖人之成訓，見於繫辭者也。苟格物之説而果即窮理之義，則聖人何不直曰『致知在窮理』，而必爲此轉折不完之語以啓後世之弊耶？蓋大學『格物』之説，自與繫辭『窮理』大旨雖同，而微有分辯。窮理者，兼格致誠正而爲功也。故言窮理，則格致誠正之功皆在其中。言格物，則必兼舉致知、誠意、正心，而後其功始備而密。今偏舉格物而遂謂之窮理，此所以專以窮理屬知，而謂格物未嘗有行，非惟不得格物之旨，并窮理之義而失之矣。此後世之學，所以析知行爲先後兩截，日以支離決裂，而聖學益以殘晦者，其端實始於此。

吾子蓋亦未免承沿積習舊見，以爲道未相脗合，不爲過矣。」其末繼以拔本塞源之論，其略曰：「夫聖人之心，以天地萬物爲一體。其視天下之人，無内外遠近，凡有血氣，皆其昆弟赤子之親，莫不安全而教養之，以遂其萬物一體之念。天下之人心，其始亦非有異於聖人也。特其間於有我之私，隔於物欲之蔽，大者以小，通者以塞，人各有心，至有視其父子兄弟如仇讐者。聖人有憂之，是以推其天地萬物一體之仁以教天下，使之皆有以克其私、去其蔽，以復其心體之同然。其教之大端，則堯、舜、禹之相授受，所謂『人心惟危，道心惟微，惟精惟一，允執厥中』，而其節目，則舜之命契，所謂『父子有親，君臣有義，夫婦有别，長幼有序，朋友有信』五者而已。唐、虞、三代之世，教者惟以此爲教，而學者惟以此爲學。當是之時，人無異見，家無異習，安此者謂之聖，勉此者謂之賢，而背此者，雖其啓明如朱，亦謂之不肖。下至閭井田野農夫商賈之賤，莫不皆有是學，而惟以成其德行爲務。何者？無有聞見之雜，記誦之煩，辭章之靡濫，功利之馳逐，而但使之孝其親、弟其長、信其朋友，以復其心體之同然。是蓋性分之所固有，而非有假於外者，則人亦孰不能之乎？學校之中，惟以成德爲事，而才能之異，或有長於禮樂，長於政教，長於水土播植者，則就其成德，而因使益精其能於學校之中。迨夫舉德而任，則使之終身居其職而不易。用之者，惟知同心一德，以共安天下之民，視才之稱否，而不以崇卑爲輕重，勞逸爲美惡。效用者，亦惟知同心一德，以共安天下之民。苟當其能，則終身處於煩劇而不以爲勞，安於卑瑣而不以爲賤。當是之時，熙熙皞皞，皆相視如一家之親。其才質之下者，則安其農工商賈之分，各勤其業，以相生相養，而無有乎希高慕外之心。其才能之異，若皋、夔、稷、契者，則出而各效其能。若一家之務，或營其衣食，或通其有無，或備其器用，集謀并力，以求遂其仰事俯育之願。惟恐當其事者之或怠，而重己之累也。故稷勤其稼，而不耻其不知教，視契之善教，即己之善教也；夔司其樂，而不耻於不明禮，視夷之通禮，即己之通禮也。蓋其心學純明，而有以全其萬物一體之仁，故其精神流貫，志氣通達，而無有乎人己之分，物我之間。譬之一人之身，目視耳聽，手持足行，以濟一身之用。目不耻其無聰，而耳之所涉，目必營焉；足不耻其無執，而手之所操[一]，足必前焉。蓋其元氣充周，血脉條暢，是以

[一] 而手之所操　「操」，天真本、全書本作「探」。

痒痾呼吸，感觸神應，有不言而喻之妙。此聖人之學，所以至易至簡，易知易從，學易能而才易成者，正以大端惟在復心體之同然，而知識技能非所與論也。三代之衰，王道熄而伯術倡；孔、孟既没，聖學晦而邪説横。教者不復以此爲教，而學者不復以此爲學。霸者之徒，竊取先王之近似者，假之於外，以内濟其私己之欲。天下靡然而宗之，聖人之道，遂以蕪塞，相倣相效，日求所以富强之説，傾詐之謀，攻伐之計。一切欺天罔人，苟一時之得，獵取聲利之術，若管、商、蘇、張之屬者，至不可以名數。既其久也，鬭爭劫奪，不勝其禍，斯人淪於禽獸夷狄，而霸術亦有所不能行矣。世之儒者慨然悲傷，蒐獵先聖王之典章法制，而掇拾修補於煨燼之餘。蓋其爲心，良亦欲挽回先王之道。聖學既遠，霸術之傳，積漬已深，雖在賢知，皆不免於習染。其所以講明脩飾，以求宣暢光復於世者，僅足以增霸者之藩籬，而聖學之門墻，遂不復可覩。於是乎有訓詁之學，而傳之以爲名；有記誦之學，而言之以爲博；有詞章之學，而侈之以爲麗。若是者，紛紛籍籍，群起角立於天下，又不知其幾家，萬徑千蹊，莫知所適。世之學者如入百戲之場，讙謔跳踉[一]，騁奇鬭巧，獻笑爭妍者，四面而競出，前瞻後盼，應接不遑，而耳目眩瞀，精神恍惑，日夜遨遊淹息其間，如病狂喪心之人，莫自知其家業之所歸。時君世主，亦皆昏迷顛倒於其説，而終身從事於無用之虚文，莫自知其所謂。間有覺其空踈謬妄、支離牽滯，而卓然自奮，欲以見諸行事之實者，極其所抵，亦不過爲富强功利五霸之事業而止。聖人之學，日遠日晦，而功利之習，愈趨愈下。其間雖嘗瞽惑於佛老，而佛老之説，卒亦未能有以勝其功利之見；雖又嘗折衷於群儒，而群儒之論，終亦未能有以破其功利之見。蓋至於今，功利之毒，淪浹於人之心髓，而習以成性也，幾千年矣。相矜以知，相軋以勢，相爭以利，相高以技能，相取以聲譽。其出而仕也，理錢穀者則欲并夫兵刑，典禮樂者又欲與於銓軸，處郡縣則思藩臬之高，居臺諫則望宰執之要。故不能其事則不得以兼其官，不通其説則不可以要其譽。記誦之廣，適以長其傲也；知識之多，適以行其惡也；聞見之博，適以肆其辨也；辭章之富，適以飾其僞也。是以臯、夔、稷、契所不能兼之事，而今之初學小生，皆欲通其説，究其術。其稱名借號，未嘗不曰吾欲以共

[一] 讙謔跳踉 「踉」，底本訛作「浪」，據天真本改。

成天下之務，而其誠心實意之所在，以爲不如是，則無以濟其私而滿其欲也。嗚呼！以若是之積染，以若是之心志，而又講之以若是之學術，宜其聞吾聖人之學，而視之以爲贅疣枘鑿[一]，則以其良知爲未足，而謂聖人之學爲無所用，亦其勢有所必至矣。嗚呼！士生斯世，而尚何以求聖人之學乎？尚何以論聖人之學乎？士生斯世而欲以爲學者，不亦勞苦而煩難乎？不亦拘滯而險艱乎？嗚呼！可悲也已。所幸天理之在人心，終有所不可泯，而良知之明，萬古一日，則其聞吾拔本塞源之論，必有惻然而悲，戚然而痛，憤然而起，沛然若決江河，而有所不可禦者矣。非夫豪傑之士，無所待而興者，吾誰與望乎？」

十月，立陽明書院於越城。

門人爲之也。書院在越城西郭門内光相橋之西。後十二年丁酉，巡按御史門人周汝員建祠於樓前，匾曰「陽明先生祠」。

五年丙戌，先生五十五歲，在越。

[一] 贅疣枘鑿　「枘」，底本訛作「柄」，據天真本、全書本改。

正月。

守益謫判廣德州，築復古書院以集生徒，刻諭俗禮要以風民俗。書至，先生復書贊之曰：「禮要宗文公家禮而簡約之，切近人情，甚善甚善。非吾謙之誠有意於化民成俗，未肯汲汲爲此也。古禮之存於世者，老師宿儒，當年不能窮其說。世之人苦其煩且難，遂皆廢置而不行。故今之爲人上而欲導民於禮者，非詳且備之爲難，惟簡切明白，而使人易行之爲貴耳。中間如四代位次及祔祭之類，固區區向時欲稍改以從俗者，今皆斟酌爲之，於人情甚協。特爲此簡易之說，欲使之易知易從焉耳。冠婚喪祭之外，附以鄉約，其於民俗亦甚有補。至於射禮，似宜別爲一書，以教學者，而非所以求諭於俗。今以附於其間，却恐民間以非所常行，視爲不切，又見其說之難曉，遂并冠婚喪祭之易曉者而棄之也。文公家禮所以不及於射，或亦此意也歟？○徐愛録祠堂位祔之制。或問：「文公家禮高曾祖禰之位皆西上，以次而東，於心切有未安。」陽明子曰：「古者廟門皆南向，主皆東向。合祭之時，昭之遷主列於北牖，穆之遷主列於南牖，皆統於太祖東向之尊，是故西上以次而東。今祠堂之制既異於古，而又無太祖東向之統，則西上之說，誠有所未安。」

曰：「然則今當何如？」曰：「禮以時爲大。若事死如事生，則宜以高祖南向，而曾祖禰東西分列，席皆稍降而弗正對，似於人心爲安。曾見浦江之祭，四代考妣皆異席，高考妣南向，曾祖禰考皆西向，妣皆東向，各依世次，稍退半席。其於男女之別，尊卑之等，兩得其宜。今吾家亦如此行。但恐民間廳事多淺隘，而器物亦有所不備，則不能以通行耳。」

又問：「無後者之祔，於己之子姪，固可下列矣。若在高曾之行，宜何如祔？」陽明子曰：「古者大夫三廟，不及其高矣。適士二廟，不及其曾矣。今民間得祀高曾，蓋亦體順人情之至[一]。例以古制，則既爲僭，況在其行之無後者乎？古者士夫無子，則爲之置後，無後者鮮矣。後世人情偷薄，始有棄貧賤而不嗣者。古所謂無後，皆殤子之類耳。祭法：王下祭殤五，適子，適孫，適曾孫，適玄孫，適來孫。諸侯下祭三，大夫二，適士及庶人祭子而止，則無後之祔，皆子孫屬也。今民間既得假四代之祀，以義起之，雖及弟姪可矣。往年湖湘一士人家，有曾伯祖與堂叔祖皆賢而無後者，欲爲立嗣，則族衆不可；欲弗祀，則思其賢有所不忍也。以問於某，某曰：『不祀二三十年矣，而追爲之嗣，勢

[一] 蓋亦體順人情之至　「體」，底本訛作「禮」，據天真本、全書本改。

有所不行矣。若在士大夫家，自可依古族厲之義，於春秋二社之次，特設一祭，凡族之無後而親者，各以昭穆之次配祔之，於義亦可也。』」○答友人問學，有曰：「知之真切篤實處便是行，行之明覺精察處便是知。若知時其心不能真切篤實，則其知便不能明覺精察。不是知之時只要明覺精察，更不要真切篤實也。行之時其心不能明覺精察，則其行便不能真切篤實。不是行之時只要真切篤實，更不要明覺精察也。知天地之化育，心體原是如此。乾知大始，心體亦原是如此。」○別諸生：「綿綿聖學已千年，兩字良知是口傳。欲識渾淪無斧鑿，須從規矩出方圓。不離日用常行内，直造先天未畫前。握手臨岐更何語，慇懃莫媿別離筵。」

四月。

大吉入覲被黜，致書千數百言，勤勤懇懇，惟以得聞道爲喜，急問學爲事，恐卒不得爲聖人爲憂，略無一字及得喪榮辱之間。先生讀之嘆曰：「此非真有朝聞夕死之志者，未易以涉斯境也。」復書略曰：「世之高抗通脱之士，捐富貴，輕利害，棄爵禄，快然長往而不顧者，亦皆有之。彼其或從好於外道詭異之説，投情於詩酒山水技藝之樂，又或奮發於意氣，感激於憤悱，牽溺於嗜好，有待於物以相勝，是以去彼取此而後能。及其所之既倦，意衡心鬱，情隨事移，則憂愁悲苦隨之而作。果能捐富貴，輕利害，棄爵禄，快然終身，無入而不自得已乎？夫惟有道之士，真有以見其良知之昭明靈覺，圓融洞徹，廓然與太虛而同體。太虛之中，何物不有，而無一物能爲太虛之障碍。其於慕富貴，憂貧賤，欣戚得喪愛憎之相值，若飄風浮靄之往來變化於太虛，而太虛之體，固常廓然其無碍也。元善今日之所造，其殆庶幾於是矣乎？是豈有待於物以相勝而去彼取此，激昂於一時之意氣者所能强，而聲音笑貌以爲之乎？元善自愛，元善自愛。關中自古多豪傑，其忠信沉毅之質，明達英偉之器，四方之士，吾見亦多矣，未有如關中之盛者也。然自横渠之後，此學不講，或亦與四方無異矣。自此關中之士有所振發興起，進其文藝於道德之歸，變其氣節爲聖賢之學，將必自吾元善昆季始也。今日之歸，謂天爲無意乎？謂天爲無意乎？」〇歐陽德初見于丁丑年，年最少，然已舉鄉試，先生猶以「小秀才」呼之，而欣欣恭命，雖勞不怠，嘗深器之。嘉靖癸未，第進士，守六安州數月，奉書以爲初政倥傯，後稍得與諸生講學。先生曰：「吾所講之學，正在政務倥傯中，豈必聚徒而後爲講學耶？」後嘗與書，有曰：「良知不因見聞而有，而見聞莫非良知之用，故良知不滯於見聞，而亦不離於見聞。孔子云：『吾有知乎哉？無知也。』良知之外，別無知矣。故致良知，是學問大頭腦，是聖門教人第一義。今云專求之見聞之末，則是失却頭腦，而已落在第二義矣。近時同志中，蓋已莫不知有『致良知』之説，然其間工夫尚多鶻突者，正是欠此一問。大抵學問工夫，只要主意頭腦是當。若主意頭腦專以致良知爲事，則凡多聞多見，莫非致良知之功。蓋日用之間，見聞酬酢，雖千頭萬緒，莫非良知之發用流行。除却見聞酬酢，亦無良知可致矣，故只是一事。若曰致其良知而求之見聞，則語意之間，未免爲二。此與專求之見聞之末者雖稍不同，其爲未得精一之旨，則一而已。『多聞，擇其善者而從之，多見而識之。』既云擇，又云識，其良知亦未常不行於其間。但其立意，乃專在多聞多見上去擇識，則已失却頭腦矣。崇一於此等處，見得當已分曉。今日之問，正爲發明此學，於同志中極有益，但語意未瑩，則毫釐千里，亦不容不精察之也。」○德洪與王畿並舉南宮，俱不廷對，偕黄弘綱、張元冲同舟歸越。先生喜，凡初及門，必令引導，俟志定有入，方請見。每臨坐，默對焚香無語。〇一日，王汝止出遊歸，先生問曰：「遊何見？」對曰：「見滿街人都是聖人。」先生曰：「不然，滿街人到看你却是聖人在。」又一日，董蘿石出遊而歸，見先生曰：「今日見一異事。」先生曰：「何異？」對曰：「見滿街人都是聖人。」先生曰：「此亦常事耳，何足爲異？」先生鍛鍊人每如此。

八月。

是夏，聶豹以御史巡按福建，渡錢塘來見先生。別後致書，謂「思、孟、周、程，無意相遭於千載之下，與其盡信於天下，不若真信於一人。道固自在，學亦自在，天下信之不爲多，一人信之不爲少」云云。先生答書曰：「讀來諭，誠見君子不見是而無悶之心，世之譊譊屑屑者，知未足以及此。乃區區之情，則有大不得已者存乎其間，非以計人之信與不信也。夫人者，天地之心，天地萬物，本吾一體者也。生民之困苦荼毒，孰非疾痛之切於吾身者乎？不知吾身之疾痛，無是非之心者也。是非之心，不慮而知，不學而能，所謂良知也。良知之在人心，無間於聖愚，天下古今之所同也。世之君子，惟務致其良知，則自能公是非，同好惡，視人猶己，視國猶家，而以天地萬物爲一體。求天下無治，不可得矣。古之人所以能見善不啻若己出，見惡不啻若己入，視民之饑溺，猶己之饑溺，而一夫不獲，若己推而納諸溝中者，非故爲是而以蘄天下之信己也，務致其良知，求自慊而已矣。堯、舜、三王之聖，言而民莫不信者，致其良知而言之也；行而民莫不悦者，致其良知而行之也。是以其民熙熙皞皞，殺之不怨，利之不庸，施及蠻貊，而凡有血氣者，莫不尊親，爲其良知之同也。嗚呼！聖人之治天下，何其簡且易哉。後世良知之學不明，天下之人，用其私智以相比軋，是以人各有心，而偏瑣僻陋之見，狡僞陰邪之術，至於不可勝説。外假仁義之名，而内以行其自私自利之實。詭辭以阿俗，矯行以干譽。掩人之善，而襲以爲己長；訐人之私，而竊以爲己直。忿以相勝，而猶謂之狥義；險以相傾，而猶謂之疾惡。妬賢嫉能，而猶自以爲公是非；恣情縱欲，而猶自以爲同好惡。相凌相賊，自其一家骨肉之親，已不能無爾我勝負之意，彼此藩籬之形，而況於天下之大，民物之衆，又何能一體而視之？則亦無怪於紛紛藉藉，而禍亂相尋於無窮矣。僕誠賴天之靈，偶有見於良知之學，以爲必由此，而後天下可得而治。是以每念斯民之陷溺，則爲之戚然痛心，忘其身之不肖，而思以此救之，亦不自知其量者。天下之人見其若是，遂相與非笑而詆斥，以爲是病狂喪心之人耳。嗚呼！是奚足恤哉。吾方疾痛之切體，而暇計人之非笑乎？人固有見其父子兄弟之墜深淵者，呼號匍匐，踝跣顛頓[一]，扳懸崖壁而下拯之。士之見者，方相與揖讓談笑於其傍，以爲是棄其禮貌衣冠，而呼號顛頓若此，是病狂喪心者也。故夫揖讓談笑於溺人之傍而不知救，此惟行路之人，無親戚骨肉之情者能之。然已謂之無惻隱之心，非人矣。若夫在父子兄弟之愛者，則固未有不痛心疾首，狂奔盡氣，匍匐而拯之。彼將陷溺之禍有不顧，而況於病狂喪心之譏乎？而又況於蘄人之信與不信乎？嗚呼！今之人，雖謂僕爲病狂喪心之人，亦無不可矣。天下之人心，皆吾之心也。天下之人，猶有病狂者矣，吾安得而非病狂乎？猶有喪心者矣，吾安得而非喪心乎？昔者孔子之在當時，有議其爲諂者，有譏其爲佞者，有毁其未賢，詆其爲不知禮，而侮之以爲『東家丘』者，有嫉而沮之者，有惡而欲殺之者。晨門、荷蕢之徒，皆當時之賢士，且曰『是知其不可而爲之者歟』，『鄙哉，硜硜乎，莫己知也，斯已而已矣』。雖子路在升堂之

[一] 踝跣顛頓 據全書卷二答聶文蔚，「踝」當爲「裸」之訛。

列，尚不能無疑於其所見，不悦於其所欲往，而且以之爲迂，則當時之不信夫子者，豈特十之一二而已乎？然而夫子汲汲皇皇，若求亡子於道路，而不暇於煖席者，寧以蘄人之信我知我而已哉？蓋其天地萬物一體之仁，疾痛迫切，雖欲已之，而自有所不容已。故其言曰『吾非斯人之徒與而誰與』，『欲潔其身而亂大倫』，『果哉，末之難矣』。嗚呼！此非誠以天地萬物爲一體者，孰能以知夫子之心乎？若其遯世無悶，樂天知命者，則固無入而不自得，道並行而不相悖也。僕之不肖，何敢以夫子之道爲己任，顧其心亦已稍知疾痛之在身，是以徬徨四顧，相求其有助於我者，相與講去其病耳。今誠得豪傑同志之士，扶植贊翼，共明良知之學於天下，使天下之人，皆知自致其良知，以相安相養，去其自私自利之蔽，一洗讒妬勝忿之習，以躋於大同，則僕之狂病，固將脱然以愈，而終免於喪心之患矣。豈不快哉！嗟乎！今誠欲求豪傑同志之士於天下，非如吾文蔚者，而誰望之乎？如吾文蔚之才與志，誠足以援天下之溺者。今又既知其具之在我，而無假於求矣[一]，循是以往，若決江注海，孰得而禦哉！文蔚所謂一人信之不爲少，其又能

[一] 而無假於求矣　天真本以及全書卷二答聶文蔚「求」上有「外」字。

遜以委之何人乎？會稽素號山水之區，深林長谷，信步皆是，寒暑晦明，無時不宜。安居飽食，塵囂無擾，良朋四集，道義日新，優哉優哉，天地之間，寧復有樂於是者！孔子云：『不怨天，不尤人[一]，下學而上達。』僕與二三同志，方將請事斯語，奚暇外慕。獨其切膚之痛，迺有未能恝然者，輒復云爾。」○豹初見先生，未納拜，後在閩聞訃，始爲位哭，稱門生云。

十二月庚申，子正億生。

正億初生，先生年五十五矣。初名正聰，後避諱改。鄉先達靜齋、六有以詩賀，先生次韻有云：「何物敢云繩祖武，他年只好共爺長。」蓋是月十有七日。○安福劉邦采等合同志爲「惜陰會」，先生爲之説曰：「同志之在安成者，間月爲會五日，謂之『惜陰』，其志篤矣。然五日之外，孰非惜陰乎？離群而索居，志不能無少懈，故五日之會，所以相稽切焉耳。嗚呼！天道之運，無一息之或停。吾心之良知，其運亦無一息之或停。良

[一] 不尤人 「尤」，底本訛作「求」，據天真本、全書本改。

知即天道，謂之『亦』，則猶二之矣。知良知之運無一息之或停者，則知惜陰矣。知惜陰者，則知致其良知矣。子在川上曰：『逝者如斯夫，不舍晝夜。』此其所以學如不及，至於發憤忘食也。堯、舜兢兢業業，成湯日新又新，文王純亦不已，周公坐以待旦，惜陰之功，寧獨大禹爲然？子思曰：『戒慎乎其所不覩，恐懼乎其所不聞』，『知微之顯，可以入德矣。』或曰雞鳴而起，孳孳爲利，凶人爲不善，亦惟日不足，然則小人亦可謂之惜陰乎？」○明年過吉安，寄安福同志書曰：「諸友始爲惜陰之會，當時惟恐只成虛語。邇來乃聞遠近豪傑聞風而至者以百數，此可以見良知之同然，而斯道大明之幾，於此亦可以卜矣。喜慰可勝言耶！得虞卿及諸同志寄來書，所見比舊又加親切，足驗工夫之進，可喜可喜。只如此用工去，當不能有他岐之惑矣。明道有云：『寧學聖人而未至，不欲以一善而成名。』此爲有志聖人，而未能真得聖人之學者，則可如此說。若今日所講良知之說，乃真是聖學之的傳，但從此學聖人，却無有不至者。惟恐吾儕尚有一善成名之意，未肯專心致志於此耳。在會諸同志，雖未及一一面見，固已神交於千里之外，相見時，幸出此共勉之。」○先生既没，鄒守益以祭酒致政歸，復與邦采、劉文敏、劉子和、劉陽、歐陽瑜、劉肇袞、尹一仁等，建復古、蓮山、復真諸書院，爲一邑四鄉分會，合五郡爲春秋二會于青原山。三十年來，四方同志之會日起，惜陰倡之也。

六年丁亥，先生五十六歲，在越。

正月。

先生與宗賢書曰：「人在仕途，比之退處山林時，工夫難十倍，非得良友時時警發砥礪，平日志向，鮮有不潛移默奪，弛然日就頹靡者。近與誠甫言，京師相與者少，二君必須彼此約定，但見微有動氣處，即須提起『致良知』話頭，互相規切。凡人言語正到快意時，便截然能忍默得；意氣正到發揚時，便翕然能收斂得；憤怒嗜欲正到騰沸時，便廓然能消化得；此非天下之大勇不能也。然見得良知親切時，其功夫又自不難[一]。緣此數病，良知之所本無，只因良知昏昧蔽塞而後有。若良知一提醒時，即如白日一出，魍魎自消矣。中庸謂『知耻近乎勇』，只是耻其不能致得自己良知耳。今人多以言語不能屈服得人，

[一] 其功夫又自不難　底本「又」下衍一「又」字，據全書本删。

意氣不能陵軋得人，憤怒嗜慾不能直意任情爲恥。殊不知此數病者，皆是蔽塞自己良知之事，正君子之所宜深恥者。今乃反以不能蔽塞自己良知爲恥，是恥非其所當恥，而不知恥其所當恥也，可不大哀乎？諸君皆平日相知厚者，區區之心，愛莫爲助，只願諸君都做箇古之大臣。古之所謂大臣者，更不稱他有甚知謀才略，只是一箇『斷斷無它技，休休如有容』而已。諸君知謀才略，自是超然出於衆人之上，所未能自信者，只是未能致得自己良知，未全得斷斷休休體段耳。今天下事勢，如沉痾積痿，所望以起死回生者，實有在于諸君子。若自己病痛未能除得，何以能療得天下之病？此區區一念之誠，所以不能不爲諸君一竭盡者也。諸君每相見時，幸默以此意相規切之。須是克去己私，真能以天地萬物爲一體，實康濟得天下，挽回三代之治，方是不負如此聖明之君，方能報得如此知遇，不枉了因此一大事來出世一遭也。病卧山林，只好修藥餌，苟延喘息，但於諸君出處，亦有痛痒相關者，不覺縷縷至此也。」

四月，鄒守益刻文録于廣德。

守益録先生文字請刻，先生手標年月，令德洪類次，且遺書曰：「所録以年月爲次，不復分別體類。蓋專以講學明道爲事，不在文詞體製間也。」明日，德洪掇拾所遺以請。先生曰：「此便非孔子删述六經手段。三代之教不明，蓋因後世學者繁文盛而實意衰，故所學忘其本耳。如孔子删詩，三千之多，若以其詞，豈止三百篇？惟其一以明道爲志，故所取止此，例之六經皆然。若愛惜文詞，便非孔子垂範後世心矣。」德洪曰：「先生文字，雖一時應酬不同，亦莫不本於性情。況學者傳誦日久，恐後爲好事者攙入，反失今日裁定之意。」先生許刻附録一卷，以遺守益，凡四册。

五月，命兼都察院左都御史，征思、田。

六月，疏辭不允。

廣西田州岑猛爲亂，提督都御史姚鏌征之，奏稱猛父子悉擒，已降勅論功行賞。遺目盧蘇、王受搆衆煽亂，攻陷思恩，鏌復合四省兵征之，久弗克，爲巡按御史石金所論。朝議用侍郎張璁、桂萼薦，特起先生總督兩廣及江西、湖廣軍務，度量事勢，隨宜撫剿，議設流土孰便，并覈當事諸臣功過以聞。且責以體國爲心，毋或循例辭避。先生聞命，上疏言：「臣自江西事平之後，身罹讒構危疑，幸得天日開明，進官封爵，召還京師。因乞便道歸省，尋遭父喪，未獲赴闕陳謝，服闋卧病，迄今六年于兹矣。尚未能一覩天顔，稽首闕下，耿耿熱中。今奉有成命，總制四省軍務，督同都御史姚鏌等勘處夷情機宜。臣伏自念，君命之召，不俟駕而行，矧兹軍旅，何敢言辭。顧臣患痰疾增劇，若冒病輕出，至於僨事，死無及矣。臣又復思思、田之役，起于土官讐殺，比之寇賊之攻劫郡縣，荼毒生靈者，勢尚差緩。若處置得宜，事亦可集。鏌素老成，一時利鈍，亦兵家之常，要在責成，難拘速效。御史石金據事論奏，爲國遠圖，所以激勵鏌等，使之善後，收之桑榆也。臣本書生，不習軍旅，往歲江西之役，皆偶會機宜，幸而成事。臣之才識，殆不及鏌，况是役必嘗熟慮，中事少沮，輒以臣之庸劣參之，所見或有異同，鏌等益難展布。夫軍旅之任，在號令嚴一，賞罰信果，已擇主帥，授以閫寄，且當聽其所爲。臣以爲思、田今日之事，宜專責鏌等，隆其委任，重其威權，略其小過，假以歲月，而要其成功。至於終無底績，然後别選才能，兼諳民情土俗，如尚書胡世寧、李承勛者，往代其任，事必有濟。而臣之迂踈多病，誠宜哀其不逮，病痊，或可量置閒散，使得自效其愚，則朝廷於任賢御將之體，因物曲成之仁，道並行而不相悖矣。」疏入，詔鏌致仕，遣使敦促上道。

八月。

先生將入廣，嘗爲客坐私囑曰：「但願温恭直諒之友，來此講學論道，示以孝友謙和之行，德業相勸，過失相規，以教訓我子弟，使毋陷於非僻。不願狂懆惰慢之徒，來此博奕飲酒，長傲飾非，導以驕奢淫蕩之事，誘以貪財黷貨之謀，冥頑無耻，扇惑鼓動〔一〕，以益我子弟不肖。嗚呼！由前之説，是謂良士；由後之説，是謂凶人。我子弟苟遠良士而近凶人，是謂逆子。戒之戒之。嘉靖丁亥八月，將有兩廣之行，書此以戒我子弟，并以告夫士友之辱臨於斯者，請一覽教之。」

九月壬午，發越中。

是月初八日，德洪與畿訪張元冲舟中，因論爲學宗旨。畿曰：「先生説知善知惡是良知，

〔一〕扇惑鼓動　底本「惑」下衍「子弟」二字，據全書本删。

爲善去惡是格物，此恐未是究竟話頭。」德洪曰：「如何？」畿曰：「心體既是無善無惡，意亦是無善無惡，知亦是無善無惡，物亦是無善無惡。若説意有善有惡，畢竟心體還有善惡在。」德洪曰：「心體原來無善無惡，今人與物應感，見有善惡在。爲善去惡，正是復那本體功夫。若見得本體如此，更無功夫可用矣。」畿曰：「明日先生啓行，今晚可同請問。」是日夜分，客始散，先生將入内，聞德洪與畿候立庭下，先生復出，使移席天泉橋上。德洪舉與畿論辨請問。先生喜曰：「正要二君有此一問。我今將行，朋友中更無有論証及此者。二君之見，正好相取，不可相病。汝中須用德洪功夫，德洪須透汝中本體，二君相取爲益，吾學更無遺念矣。」德洪請問。先生曰：「有只是你自有，良知本體，原來無有，本體即是太虛。太虛無形，一過而化，亦何須費纖毫氣力？德洪功夫，須要如此，便是合得本體功夫。」畿請問。先生曰：「汝中見得此意，只好默默自脩，不可執以接人。上根之人，世亦難遇。一悟本體，即見功夫，物我内外，一齊盡透，此顏子、明道不敢承當，豈可輕易望人？二君已後與學者言，務要依我四句宗旨：無善無惡是心之體，有善有惡是意之動，知善知惡是良知，爲善去惡是格物。以此自脩，直躋聖位；以此接人，更無差失。」畿曰：「本體透後，於此四句宗旨何如？」先生曰：「此是徹上徹下語，自初學以至聖人，只此一個功夫。初學用此，循循有入，雖至聖人，窮究無盡。堯、舜精一功夫，亦只如此用。」先生言止，又重囑付曰：「二君以後再不要更我四句宗旨，此四句宗旨，中人上下，無不接着。我年來立教，亦更過幾番，今較來較去，始立此四句。人心自有知識，已爲習俗所染，今不教他在良知上實用爲善去惡功夫，只去懸空想個本體，一切事爲俱不着實[一]，只養成一個虚寂。此個病痛不是小小，不可不早説破。」是日，德洪、畿俱有省。

甲午，渡錢塘。

先生遊吴山、月巖、嚴灘，皆有詩。過釣臺曰：「憶昔過釣臺，驅馳正軍旅。十年今始來，復以兵戈起。空山煙霧深，往迹如夢裏。微雨林徑滑，肺病雙足胝。仰瞻臺上雲，俯濯臺下水。人生何碌碌，高尚乃如此。瘡痍念同胞，至人匪爲己。過門不遑入，憂勞豈得已。

[一] 俱不着實 「俱」，底本訛作「懼」，據天真本、全書本改。

滔滔良自傷，果哉末難矣。」○跋曰：「右正德己卯，獻俘行在，過釣臺而弗及登。今茲復來，又以兵革之役，兼肺病足瘡，徒顧瞻悵望而已。書此，付桐廬尹沈元材刻置亭壁，聊以紀經行歲月云耳。嘉靖丁亥九月廿二日書。時從行進士錢德洪、王汝中、建德尹楊思臣及元材，凡四人。」

丙申，至衢。

西安雨中諸生出候因寄德洪汝中并示書院諸生：「幾度西安道，江聲暮雨時。機關鷗鳥破，踪跡水雲疑。仗鉞非吾事，傳經媿爾師。天真泉石秀，新有鹿門期。」德洪汝中方卜書院盛稱天真之奇并寄及之：「不踏天真路，依稀二十年。石門深竹逕，蒼峽瀉雲泉。泮壁環胥海，龜疇見宋田。文明原有象，卜築豈無緣。」今祠有仰止祠、環海樓，太極、雲泉二亭及塑像，皆當道慕公爲之者。

戊戌，過常山。

過山詩曰：「長生徒有慕，苦乏大藥資。名山遍探歷，悠悠鬢生絲。微軀一繫念，去道日遠而。中歲忽有覺，九還乃在兹。非爐亦非鼎，何坎復何離。本無終始究，寧有死生期？彼哉遊方士，詭辭反增疑。紛然諸老翁，自縛困多岐。乾坤由我在，安用他求爲。千聖皆過影，良知乃吾師。」

十月，至南昌。

先生發舟廣信，沿途諸生徐樾、張仕賢、桂軏等請見。先生俱謝以兵事未暇，許回途相見。徐樾自貴溪追至餘干，先生令登舟。樾方自白鹿洞打坐歸，有禪定意，先生目而得之，令舉似。曰：「不是。」已而稍變前語，又曰：「不是。」已而更端，先生點頭曰：「近之矣。」且曰：「此體豈有方所？譬之此燭，光無不在，不可以燭上爲光。」因指舟中曰：「此亦是光，此亦是光。」直指出舟外水面曰：「此亦是光。」樾受言有悟而別。明日至南浦，父老軍民燃香擁聚，填街塞巷，至不能行。先生乃趨都司，命父老軍民就謁，東入西出，有不舍者，出且復入，自辰逮未而散，始舉有司常儀。明日謁文廟，講大學首章於明倫堂，諸生多不得聞。唐堯臣獻茶上，得旁聽。初，堯臣不信學，聞先生至，自鄉出迎，心已內動。比見擁謁，驚曰：「三代後安得有此氣象耶？」及聽講，沛然無疑。同門黃文明、魏良器輩笑曰：「逋逃主亦來投降乎？」堯臣曰：「須得如此大力人，方能降我，爾輩安知？」

至吉安，大會士友螺川。

諸生彭簪、王釗、劉陽、歐陽瑜、劉瓊治等，偕舊游三百餘，迎入螺川驛中。先生立談不倦，曰：「堯、舜生知安行的聖人，猶兢兢業業，用困勉的工夫。吾儕以困勉的資質，而悠悠蕩蕩，坐享生知安行的成功，豈不誤己誤人！」又曰：「良知之妙，真是周流六虛，變動不居。若假以文過飾非，爲害大矣。」臨別囑曰：「工夫只是簡易真切。愈真切，愈簡易；愈簡易，愈真切。」

十一月，至肇慶。

是月十八日，抵肇慶。寄德洪、畿書曰：「家事賴廷豹糾正，而德洪、汝中又相與薰陶切劘於其間，吾可以無內顧矣。紹興書院中同志，不審近來意向如何？德洪、汝中既任其責，當能振作接引，有所興起。會講之約，但得不廢，其間縱有一二懈弛，亦可因此夾持，不致遂有傾倒。餘姚又得應元諸友作興鼓舞，想益日異而月不同。老夫雖出山林，亦每以自慰。諸賢皆一日千里之足，豈俟區區有所警策，聊亦以此示鞭影耳。即日已抵肇慶，去梧不三四日可到。方入冗場，紹興書院及餘姚各會同志諸賢，不能一一列名字，千萬心亮。」

乙未，至梧州，上謝恩疏。

二十日，梧州開府。十二月朔，上疏曰：「田州之事，尚未及會議審處，然臣沿途諮訪，頗有所聞，不敢不爲陛下一言其略。臣惟岑猛父子，固有可誅之罪，然所以致彼若是者，則前此當事諸人，亦宜分受其責。蓋兩廣軍門，專爲諸瑶僮及諸流賊而設，事權實專且重。若使振其兵威，自足以制服諸蠻。夫何軍政日壞，上無可任之將，下無可用之兵。有警必須倚調土官狼兵，若猛之屬者然後行事，故此輩得以憑恃兵力，日增桀驁。及事之平，則又功歸于上，而彼無所與，固不能以無怨憤。始而徵發愆期，既而調遣不至，上嫉下憤，日深月積，劫之以勢而威益褻，籠之以詐而術愈窮。由是諭之而益梗，撫之而益疑，遂至於有今日，加之以叛逆之罪而欲征之。夫即其已暴之惡，征之誠亦非過，然所以致彼若是，已非一朝一夕之故，且當反思其咎。姑務自責自勵，修我軍政，布我威德，撫我人民，使内治外攘而我有餘力，則近悅遠懷而彼將自服。顧不復自反，而一意憤怒之。夫所可憤怒者，不過岑猛父子及其黨惡數人而已，自餘萬衆，固皆無罪之人也。岑猛父子及其黨惡數人，既云誅戮，已足暴揚。所遺二酋之憤，遂不顧萬餘之命，兵連禍結，然而二酋之憤，至今尚未能雪也。今山瑶海賊，乘釁摇動，窮迫必死之寇，既從而煽誘之；貧苦流亡之民，又從而逃歸之。其可憂危，何啻十百於二酋者之爲患。其事已兆而變已形，顧猶不此之慮，而汲汲於二酋，則當事者之過計矣。臣聞諸兩廣士民之言，皆爲流官久設，亦徒有虛名而受實禍。詰其所以，皆云未設流官之前，土人歲出土兵三千，以聽官府之調遣；既設流官之後，官府歲發民兵數千，以防土人之反覆。即此一事，利害可知。且思恩自設流官，十八九年之間，反者數起，征剿曾無休息。朝廷曾不得其分寸之益，而反爲之憂勞征發，浚良民之膏血，而塗諸無用之地。此流官之無益，亦斷可識矣。論者以爲既設流官而復去之，則有更改之嫌，恐招物議。是以寧使一方之民久罹塗炭，而不敢明爲朝廷一言，寧負朝廷，而不敢犯衆議。甚哉！人臣之不忠也。苟利於國而庇於民，死且爲之，而何物議之足計乎？臣始至，雖未能周知備歷，然形勢亦可槩見。田州切鄰交阯，其間深山絶谷，瑶僮盤據，動以千百，必須存土官，藉其兵力，以爲中土屏蔽。若盡殺其人，改土爲流，則邊鄙之患，我自當之。自撤藩籬，後必有悔。」奏下，尚書王時中持之。得旨：「守仁才略素優，所議必自有見。事難遥度，俟其會議熟處，要須情法得中，經久無患。事有宜亟行者，聽其便宜，勿懷顧忌，以貽後患。」○初，總督命下，具疏辭免，及當路知己〔一〕。與楊少師一清書曰：「惟大臣報國之忠，莫大於進賢去讒。自信山林之志已堅，而又素受知己之愛，不復嫌避，故輒言之，乃今適爲己地也。某本書生，不諳軍旅，往歲江西之役，實倖偶成。憂病之餘，惟與鄉里子弟考訂句讀，使知向方。庶於保身及物，冀有少補，勿枉此生。聖天子方用賢圖治，明公薦賢爲國，苟有寸長，不以時出，則亦無其所矣。昔有以邊警薦用彭司馬者，公獨不可，曰：『彭

〔一〕及當路知己　天真本、全書本作「凡當路相知者皆寓書致意」。

始成功，今或少挫，非所以完之矣。』公之愛惜人才，而欲成就之也如此，獨不能以此意推之某乎？果不忍終棄，病痊，或使得備散局，如南北太常、國子之任，則圖報當有日也。」與黄綰書曰：「往年江西赴義將士，功久未上，人無所勸，再出，何面目見之。且東南小醜，特瘡疥之疾，百辟讒嫉朋比，此則腹心之禍，大爲可憂者。諸公任事之勇，不思何以善後。大都君子道長，小人道消，疾病既除，元氣自復。但去病太亟，亦耗元氣，藥石固當以漸也。」又曰：「思、田之事，本無緊要，只爲從前張皇太過，後難收拾，所謂生事事生是已。今必得如奏中所請，庶圖久安，否則反覆未可知也。」與方獻夫書曰：「聖主聰明不世出，諸公既受不世之知，安可不思圖報。今日所急，惟在培養君德，端其志向。於此有立，政不足間，人不足適，是謂一正君而國定。然非真有體國之誠，其心斷斷休休者，亦徒事其名而已矣。」又曰：「諸公皆有薦賢之疏，此誠君子立朝盛節，但與名其間，却有所未喻者。此天下治亂盛衰所繫，君子小人進退存亡之機，不可以不慎也。譬諸養蠶，但襍一爛蠶其中，則一筐好蠶盡爲所壞矣。凡薦賢于朝，與自己用人不同，自己用人，權度在我，若薦賢于朝，則評品宜定。小人之才，豈無可用？如砒硫芒硝，皆有攻毒破癰之功，但混於參苓耆术之間而進之，養生之人用之不精，鮮不誤矣。」又曰：「思、田之事已壞，欲以無事處之，要已不能，只求減省一分，則地方亦可減省一分之勞擾耳。此議深知大拂喜事者之心，然欲殺數千無罪之人，以求成一將之功，仁者之所不忍也。」

十二月，命暫兼理巡撫兩廣。疏辭，不允。

七年戊子，先生五十七歲，在梧州。

二月，思、田平。

先生疏略曰：「臣奉成命，與巡按紀功御史石金、布政使林富等，副使祝品、林大輅等，參將李璋、沈希儀等，會議思、田之役，兵連禍結，兩省荼毒，已踰二年。兵力盡於哨守，民脂竭於轉輸，官吏罷於奔走。今日之事，已如破壞之舟，漂泊於顛風巨浪，覆溺之患，洶洶在目，不待知者而知之矣。」因詳其十患十善、二幸四毁，反覆言之。且曰：「臣至南寧，乃下令盡撤調集防守之兵，數日之内，解散而歸者數萬。惟湖兵數千，道沮且遠，不易即歸，仍使分留南寧，解甲休養，待間而發。初，盧蘇、王受等聞臣奉命處勘，始知朝廷亦無必殺之意，皆有投生之念，日夜懸望，惟恐臣至之不速。已而聞太監、總兵相繼召還，至是又見守兵盡撤，其投生之念益堅。乃遣其頭目黃富等，先赴軍門訴告，願得掃境投生，惟乞宥免一死。臣等喻以朝廷之意，正恐爾等有所虧枉，故特遣大臣處勘，開爾等更生之路。爾等果能誠心投順，決當貸爾之死。因復開陳朝廷威德，使各持歸省諭，刻期聽降。蘇、受等得牌，皆羅拜踴躍，歡聲雷動，率衆掃境，歸命南寧城下，分屯四營。蘇、受等囚首自縛，與其頭目數百人，赴軍門請命。臣等諭以朝廷既赦爾等之罪，豈復虧失信義。但爾等擁衆負固，雖由畏死，然騷動一方，上煩九重之慮，下疲三省之民，若不示罰，何以泄憤？於是下蘇、受于軍門，各杖一百。乃解其縛，諭以今日宥爾一死者，朝廷天地好生之仁；必杖爾示罰者，我等人臣執法之義。於是衆皆叩首悦服。臣亦隨至其營，撫定其衆，凡七萬一千。濈濈道路，踴躍懽聞，皆謂朝廷如此再生之恩，我等誓以死報，且乞即願殺賊立功贖罪。臣因諭以朝廷之意惟欲生全，爾等逃竄日久，且宜速歸，完爾家室，修復生理。至於諸路群盜，軍門自有區處，徐當調發爾等。於是又皆感泣歡呼，皆謂朝廷如此再生之恩，我等誓以死報。臣於是遂委布政使林富、前副總兵張祐，督令復業，地隅平定。是皆皇上至孝達順之德，感格上下；神武不殺之威，震懾鬼神。風行於廟堂之上，而草偃於百蠻之表。是以班師不待七旬，而頑夷即爾來格，不折一矢，不戮一卒，而全活數萬生靈，是所謂綏之斯來，動之斯和者也。」〇先生爲文勒石曰：「嘉靖丙戌夏，官兵伐田，隨與思恩之人相比復煽，集軍四省，洶洶連年。于時皇帝憂憫元元：容有無辜而死者乎？廼命新建伯王守仁：曷往視師，其以德綏，勿以兵虔。班師撤旅，信義大宣。諸夷感慕，旬日之間，自縛來歸者，七萬一千。悉放之還農，兩省以安。昔有苗徂征，七旬來格，今未期月而蠻夷率服，綏之斯來，速于郵傳，舞干之化，何以加焉。爰告思、田，毋忘帝德。爰勒山石，昭此赫赫。文武聖神，率土之濱，凡有血氣，莫不尊親。」

四月，議遷都臺于田州，不果。

先是有制：「王守仁暫令兼理巡撫兩廣。」既受命，先生乃疏言：「臣以迂踈多病之軀，謬承總制四省軍務之命，方憂不勝其任，今又加以巡撫之責，豈其所能堪乎？且兩廣之事，實重且難，巡撫之任，非得才力精强者，重其事權，漸其官階，而久其職任，殆未可求效於歲月之間也。前此當事諸人，雖才能相繼而治效未究者，職此之故也。致仕副都御史伍文定，往歲寧藩之變，嘗從臣起兵，具見經略。侍郎梁材、南贛副都御史汪鋐，亦皆才能素著，足堪此任。願選擇而使之。」會侍郎方獻夫建白：「宜於田州特設都御史一人，撫綏諸夷。」下議，先生復疏言布政使林富可用：「或量改憲職，仍聽臣等節制，暫於思、田住劄，撫綏其衆。然而要之蠻夷之區，不可治以漢法。雖流官之設，尚且弗便，而又可益之以都臺乎？今且暫設，凡一切廩餼輿馬，悉取辦于南寧府衛，取給於軍餉，不以干思、田之人。俟年餘經略有次，思、田止責知府理治，或設兵備憲臣一人于賓州，或以南寧兵備兼理。如此，則目前既得輯寧之效，而日後又可免煩勞之擾矣。」又以柳、慶缺參將，特薦沈希儀，并前副總兵張祐，俾與富協心共事，事竣别用。未幾，陞富副都御史，撫治鄖陽以去。先生再薦布政使王大用、按察使周期雍才皆可大用。又以邊方缺官，具言副使陳槐、施儒、楊必進、知府朱衮，皆堪右江兵備之任，知州林寛可爲田州知府，推官李喬木可爲同知。且謂：「任賢圖治，得人實難，其在邊方反覆多事之地，其難尤甚。蓋非得忠實勇果、通達坦易之才，未易以定其亂。有其才矣，使不諳其土俗，則亦未易以得其心。得其心矣，使不耐其水土，亦不能以久居其地以成其功。故用人於邊方，必兼是三者而後可。如前四人者，固皆可用之才。今乃皆爲時例所拘，棄置不用，而更勞心遠索，則亦過矣。臣今求才於邊方而不可必得，不得已，就其見在而使之，而卒無可器使者，亦何恠乎斯土之民日入于亂，而禍日以深也哉！是故相沿積習之弊，不及今一洗而改革之，邊患未見其能有瘳也。」疏上，俱未果行。○嶺南士人曰：「先生田州之兵未嘗不善，田州南接交夷，須有障蔽。岑氏世有其地，裂土而官之，使自爲守，彼力既分，又可藩我。故田州自用兵後，迄今無變。而謗不止，豈君子所爲，衆人固不識也乎？」

大興思、田學校。

先生以田州新服，用夏變夷，宜有學校。但瘡痍逃竄，尚無受廛之民，即欲建學，亦爲徒勞，然風化之原，又不可緩也。乃案行提學道，着屬儒學，但有生員，無拘廩增，願改田州府學，及各處儒生願附籍入學者，本道選委教官，暫領學事。相與講肄游息，興起孝弟，或倡行鄉約，隨事開引，漸爲之兆。俟建有學校，然後將各生徒通發該學肄業，照例充補增廩起貢。

五月，綏遠人。

先生因左江道參議汪必東等呈稱：「古陶、白竹、石馬等賊，近雖誅剿，然尚有流出府江諸處者，誠恐日後爲患。乞調歸順土官岑𡾊兵一千名[一]，萬承、龍英共五百名，或韋貴兵一千名，住劄平南、桂平衝要地方。」及該府知府程雲鵬等，亦申量留湖兵，及調武靖州狼兵防守。乃諭之曰：「始觀論議，似亦區畫經久之圖；徐考成功，終亦支吾目前之計。蓋用兵之法，伐謀爲先；處夷之道，攻心爲上。今各瑶征剿之後，有司即宜誠心撫恤，以安其心。若不服其心，而徒欲久留湖兵，多調狼卒，憑藉兵力，以威劫把

［一］岑𡾊　天真本、全書本作「岑瓛」。

持，謂爲可久之計，則亦末矣。何也？遠來客兵，怨憤不肯爲用，一也。供饋之需，稍不滿意，求索訾詈，將無抵極，二也。就居民間，騷擾濁亂，易生讐隙，三也。困頓日久，資財耗竭，適以自弊，四也。欲借此以衛民，而反爲民增一苦；欲借此防賊，而反爲吾招一寇。各官之意，豈不虞各賊乘間突出，故欲振揚兵威，以苟幸目前之無事，抑亦不睹其害矣。前歲湖兵之調，既已大拂其情，乃今復欲留之，其可行乎？夫刑賞之用當，而後善有所勸，惡有所懲，勸懲之道明，而後政得其安。今稔惡各瑶舉兵征剿，刑既加於有罪矣。然破敗奔竄之餘，即欲招撫，彼亦未必能信。必須先從其傍良善各巢加厚撫恤，使爲善者益知所勸，而不肯與之相連相比，則黨惡自孤而其勢自定。使良善各巢傳道引諭，使各賊咸有回心向化之機，然後吾之招撫可得而行，而凡綏懷御制之道，可以次而舉矣。夫柔遠人而撫戎狄，謂之柔與撫者，豈專恃兵甲之盛，威力之强而已乎？古之人能以天地萬物爲一體，故能通天下之志。凡舉大事，必順其情而使之，因其勢而導之，乘其機而動之，及其時而與之[一]，是以爲之但見其易，而成之不見其難。此天

[一] 及其時而與之　「與」，天真本、全書本作「興」。

下之民所以陰受其庇，而莫知其功之所自也。今皆反之，豈所見若是其相遠乎？亦由無忠誠惻怛之心以愛其民，不肯身任地方利害，爲久遠之圖。凡所施爲，不本於精神心術，而惟事補輳掇拾，支吾粉飾於其外，以苟幸吾身之無事。此蓋今時之通弊也。行知府程雲鵬，公同指揮周徧宗及知縣等官，親至已破賊巢各鄰近良善村寨，以次加厚撫恤，給以告示，犒以魚鹽，待以誠信，敷以德恩。喻以朝廷所以誅剿各賊者，爲其稔惡不悛，若爾等良善守分村寨，我官府何嘗輕動爾一草一木。爾等各宜益堅向善之心，毋爲彼所扇惑揺動。從而爲之推選衆所信服立爲酋長，以連屬之，優其禮待，厚其犒賞，以漸綏來調習，使之日益親附。又喻以稔惡各賊，彼若不改，一征不已至於再，再征不已至於三，至於四五，至於六七，必使滅絶而後已。此後官府若行剿除，爾等但要安心樂業，無有驚疑。若各賊果能改惡遷善，實心向化，今日來投，今日即待以良善，即開其自新之路，決不追既往之惡。爾等即可以此意傳告開喻之，我官府亦未嘗有必欲殺彼之心。若彼賊果有相引來投者，亦就實心撫安招來之，量給鹽米，爲之經紀生業，亦就爲之選立酋長，使有統率，毋令涣散。一面清查侵占田土，開立里甲，以息日後之爭。禁約良民，毋使乘機報復，以激其變。如農夫之植嘉禾以去稂莠，深耕易耨，芸菑灌溉，專心一事，勤誠無惰，必有秋獲。夫善者益知所勸，則助惡者日衰；惡者益知所懲，則向善者益衆。此撫柔之道，而非專有恃於兵甲者也。至于近行十家牌諭，誠亦弭盜安民之良法，而今之有司，槩以虛文抵塞，莫肯實心推求舉行。雖已造册繳報，而尚不知其間所屬何意。所處地方該道，仍要用心督責整理。誠使此法一行，則不待調發而處處皆兵，不待屯聚而家家皆兵，不待蓄養而人人皆兵。無餽運之勞而糧餉足，無關隘之設而守禦固。習之愈久而法愈精，行之彌廣而功彌大。其區處摘調之兵，有虛名而無實用，可張皇于暫時，而不可施行于永久者，勞逸煩簡，相去遠矣。惟議欲散撤雇倩機快等項，調取武靖州土兵，使之就近防守一節，區畫頗當。然以三千之衆，而常在一處屯頓坐食，亦未得宜。必須分作六班，每五百名爲一班，每兩箇月日而更一次。若有鵰剿等項，然後通行起調。然必須于城市别立營房，毋使與民雜處，然後可免于騷擾嫌隙。蓋以十家牌門之兵而爲守土安民之本，以武靖起調之兵而備追捕剿截之用，此亦經權交濟相須之意也。其該州土目人等，自今以後，免其秋調各處哨守等役，專在潯州地方聽憑調用。各官仍要時加戒諭撫輯，毋令日久玩弛，又成虚應故事。自惟踈才多病，精力不足，不能躬親細務。獨其憂患地方，欲爲建立久安長治一念，真切自不能已，是以不覺其言之叨叨。各官務體此意，毋厭其多言，而必務爲紬繹；毋謂其迂遠，而必再與精思。務竭其忠誠，務行其切實，同心協德，共濟時艱。事有相類者，悉以此意推行之。」

六月，大興南寧學校。

先生謂理學不明，人心陷溺，是以士習日偷，風教不振。日與各學师生朝夕開講，已覺漸有奮發之志。又恐窮鄉僻邑，不能身至其地，仍委原任監察御史降合浦縣丞陳逅主教靈山諸縣，原任監察御史降揭陽縣主簿季本主教敷文書院。仍行牌諭曰：「仰本官每日拘集該府縣學諸生，爲之勤勤開誨，務在興起聖賢之學，一洗習染之陋。其諸生該赴考試者，臨期起送。不該赴試者，如常朝夕聚會。考德問業之外，或時出與經書論策題目，量作課程，就與講析文義，以無妨其舉業之功。大抵學絶道喪之餘，未易解脱舊聞舊見，必須包蒙俯就，涵育薫陶，庶可望其漸次改化。諒本官平素最能孜孜汲引，則今日必能循循善誘。諸生之中，有不率教者，時行檟楚，以警其惰。本院回軍之日，將該府縣官員師生，查訪勤惰，以示勸懲。」〇又牌諭曰：「『安上治民，莫善於禮』。冠婚喪祭，固宜家喻而户曉者，今皆廢而不講，欲求風化之美，其可得乎？况兹邊方遠郡，土夷錯雜，頑梗成風，有司徒事刑驅勢迫，是謂以火濟火，何益於治？若教之以禮，庶幾所謂小人學道則易使矣。近據福建莆田儒學生員陳大章，前來南寧遊學，進見之時，每言及禮，因而扣以冠婚鄉射諸儀，果亦頗能通曉。看得近來各學生員，類多束書高閣，飽食嬉遊，散漫度日。豈若使與此生朝夕講習於儀文節度之間，亦足以收其放心，固其肌膚之會，筋骸之束，不猶愈於博奕之爲賢乎？爲此牌仰南寧府官吏，即便館穀陳生於學舍。於各學諸生之中，選取有志習禮，及年少質美者，相與講解演習。自此諸生得於觀感興起，砥礪切磋，修之於家，而又被於里巷，達於鄉村，則邊徼之地，自此遂化爲鄒魯之鄉，亦不難矣。諸生講習已有成效，該府仍要從厚措置禮幣，以申酧謝。仍備由差人，送至廣西提督學校官，以次送發各府州縣，一體演習。其於風教，要亦不爲無補。」

七月，襲八寨、斷藤峽，破之。

八寨、斷藤峽諸處，有衆數萬，負固稔惡。南通交阯，西接雲、貴，東北與牛腸、仙臺、花相、風門、佛子及柳、慶、府江、古田諸瑶迴旋連絡，延袤周遭二千餘里，流劫出没，爲害歲久。比因有事思、田，勢不暇及。至是，公以思、田既平，蘇、受新附，乃因湖廣保靖歸師之便，令布政使林富、副總兵張祐等，出其不意，分道征之。富、祐率右江及思、田兵進剿八寨。參議汪必東、副使翁素、僉事汪溱率左江及永、保士兵進剿斷藤峽。該道分巡兵備收解紀功御史册報，及行始與太監張賜并各鎮巡知會。三月内，大破其衆，斬獲三千有奇。先生見賊巢已掃，而我兵疾疫，遂班師奏捷。○疏言：「富等呈稱，斷藤峽諸賊，自國初以來，屢征不服。至天順間，都御史韓雍統兵二十萬，然後破其巢穴，撤兵無何，賊復攻陷潯州，據城大亂，後復合兵，量從剿撫。自後竊發無時，近復乘間縱横，不可支持。至於八寨諸賊，尤爲凶猛，利鏢毒弩，莫當其鋒，且其寨壁天險，進兵無路。自國初都督韓觀嘗以數萬之衆，圍困其地，亦不能破，竟從招撫。厥後興師合剿，一無所獲。惟成化間，土官岑瑛嘗合狼兵深入，斬獲二百，已而力不能支，亦從撫罷。自是而後，莫可誰何。比自思、田起事，兩廣煽動，危不可言。今幸朝廷威德，因湖廣之回兵，而利導其順便之勢；作思、田之新附，而善用其報效之機。翕若雷霆，疾如風雨，事舉而遠近不知有兵，敵破而將卒莫測其用。兩地進兵，各不滿八千之衆，而三月報捷，共已踰三千之功。蓋其勞費未及大征十之一，而其斬獲加於大征三之二。兩廣父老皆以爲數十年來未有此舉也。臣等伏念斷藤、八寨諸賊，實爲兩廣渠魁之淵藪根柢，此而不去，兩廣卒無寧宇。況兵部已嘗具疏請，奉有成命，責在臣等。欲再俟請命，恐泄機事，難以成功。用是仰遵便宜，相機行事，隨具以聞。今據報捷，蓋不出三月之内，止因湖廣歸師之便，及用思、田報效之衆，卒以掃蕩賊巢，殄除民患。此豈臣等智謀才略之所能及，是皆皇上除患救民之誠心，默贊於天地鬼神，而神武不殺之威，任人不疑之斷，震懾遠邇[一]，感動上下，且廟廊諸臣，咸能推誠協贊，惟國是謀，與人爲善。故臣等得以展布四體，無復顧慮，信其力之所能爲，竭其心之所可盡，動無不宜，舉無弗振，諸將用命，軍士效力，以克致此。雖未足爲可稱之功，實可爲任人行事之法矣。乃若宣慰彭明輔、彭九霄等，忠義奮發，略無悔怠，即其一念報國之誠，有不可泯。至於思、

[一] 震懾遠邇　「懾」，底本訛作「攝」，據天真本改。

田報效頭目盧蘇、王受等，感激朝廷再生之恩，共竭效死之報，且力辭軍餉，以效勤誠，爭先首敵，遂破賊巢。此皆臣所親見者也。留撫思、田布政使林富，已聞都御史之擢，而忠義激發，必欲督兵破賊，尤人所難。舊任副總兵張祐、參將張經、沈希儀、僉事汪溱、吴天挺、參議汪必東、副使翁素、都指揮謝珮、高崧，及各督哨指揮等官馬文瑞、王勳、彭飛、張恩等、督剿縣丞林應驄、主簿季本，并防截搜捕、調度給餉等知府程雲鵬、蔣山卿、同知桂鏊、史立誠、舒柏、通判陳志敬、徐俊、知州林寬、李東、知縣劉喬、縣丞蕭尚賢等，雖其才猷功績，各有大小等級之殊，而利害勤苦，亦有緩急久暫之異，然當炎毒暑雨，瘴疫薰蒸，經冒鋒鏑，出入崎險，固皆同效捍患勤事之績，均有百死一生之危者也。伏望皇上明昭軍旅之政，既行廟堂協贊舉任之上賞，亦録諸臣分職供事之微勞。及宣慰彭明輔等，特加陞獎，以旌其報國之義。土目盧蘇、王受等，亦曲賜恩典，或不待三年而遂賜之冠帶，以勵其報效之忠。如此，庶幾功無不賞，而益興忠義之心；賞當其功，而自無僥倖之望矣。臣以迂踈，繆蒙不世之知遇，授以軍旅，假以便宜，自誓此生，鞠躬盡瘁，以報深恩。今兹之役，本無足言，然亦自幸其無覆敗以免戮辱。但恨身嬰危疾，自後任勞頗難，別具疏請告，乞賜俯允，俾得全復餘生，尚有圖報之日。」

○與執政書曰：「思、田之議，悉蒙裁允，遂活一方數萬之生靈。近者八寨、斷藤之役，實以生民荼炭既極，不得已而爲之救焚之舉，乃不意遂獲平靖。此非有魏公力主於朝，則金城之議無因而定；非有裴公贊決於內，則淮蔡之績何由而成。今日之事，敢忘其所由來乎？但惟六月徂征，衝冒瘴疫，將士危險，頗異他時，稍得沾濡，亦少慰其勤苦耳。」

所謂兵政，國之大事，功賞宜爲後勸，當以實言，不宜自嫌矜伐者也。○破斷藤峽：「才看干羽格苗夷，忽見風雷起戰旗。六月徂征非得已，一方流毒已多時。遷賓玉石分須早，柳慶雲霓怨莫遲。嗟爾有司懲既往，好將恩信撫遺黎。」平八寨：「見說韓公破此蠻，貔貅十萬騎連山。而今止用三千卒，遂爾收功一月間。豈是人謀能妙算，偶逢天助及師還。窮搜極討非長計，須有恩威化梗頑。」

疏請經略思、田及八寨、斷藤峽。

疏曰：「『明王奉若天道，建邦設都，樹后王君公，承以大夫師長，不惟逸豫，惟以亂民。』今天下郡邑，乃有大小繁簡、中土邊方、流土官職之不同者，蓋亦因其氣稟物類不齊。是以順其情不違其俗，循其故不易其宜，要在各得其所，惟以亂民而已。臣以迂庸，繆當兵事，假以便宜，是陛下之心，惟在於除患安民，未嘗有所意必也。又諭令賊平之後，議設土官流官孰便，是陛下之心，惟在於安民息亂，未嘗有所意必也。是以始者思、田梗化，既舉兵而加誅之。因其悔罪投降，遂復宥而釋之。然而今之議者，或以爲流官之設，中土之制也，已設流官而復去之，則嫌于失中土之制。土官之設，蠻夷之俗也，已去土官而復設之，則嫌於從蠻夷之俗。此皆苟避毀譽形迹，亦安能仰窺陛下如天之仁，平平蕩蕩，惟以亂民爲心乎？臣即承制，會總鎮太監張賜、巡按御史石金等，議設土官以順其情，分土目以散其黨，設流官以制其勢。蓋蠻夷之性，譬諸禽獸麋鹿，必欲制之郡縣而繩以漢法，是群麋鹿於堂室，而欲其馴擾帖服，終必觸罇俎，翻几席，狂跳而駭躑矣。故必放之閒曠之區，以順適其獷野之性。今所以仍土官之舊者，是順適其獷野之性也。然一惟土官，而不思有以散其黨與，制其猖獗，是縱麋鹿于田野，而無有乎墻墉之限、豶牙童牿之道，終必奔竄而無以維縶之矣。今所以分立土目者，是墻墉之限、貛豖童牿之道也。然分立土目，而終無聯屬于其間，是畜麋鹿於苑囿，而無守視之人，以時脩其墻墉，禁其群觸，終將踰垣遠逝而不知，踐禾稼、决藩籬而莫之省矣。今所以特設流官者，是守苑囿之人也。議既僉同，臣猶以土夷之心未必盡得之，窮山僻壤，或有隱情也，則亦安能保其必行乎？則又備歷思、田之境，因以詢諸其目長，皆以爲善；又詢諸其父老子弟，皆以爲善；又以詢諸其厮役下賤之徒，則又皆以爲善。然後信其可以久行而無弊〔一〕，乃敢具述以請。」凡爲經略事宜有三：特設流官知府以制土官之勢，仍立土官知州以順土夷之情，分設土官巡檢以散各夷之黨。擬府名爲田寧，以應讖謡而定人心。設州治于府之西北，立猛弟三子邦相吏目，待其有功，漸陞爲知州。分設思恩土巡檢司九，田州土巡檢司十有八，以蘇、受并土目之爲衆所服者世守之。既而復破八寨、斷藤峽，又上疏曰：「臣因督兵，親歷諸巢，見其形勢要害，各有宜改立衛所，開設縣治，以斷其脉絡而扼其咽喉者。若失今不爲，則數年之間，賊必漸復，歸聚生息，不過十年，又有地方之患矣。臣遵制便宜，相度舉行。」凡爲經略事宜有六：移南丹衛城于八寨，

〔一〕可以久行而無弊　底本「久」字爲墨釘，據天真本以及全書卷十四處置平復地方以圖久安疏補。

改築思恩府治于荒田，改鳳化縣治于三里，增設隆安縣治，置流官于思龍以屬田寧，增築守鎮城堡于五屯。事下兵部，本兵持之，户部請覆。學士霍韜等上疏曰：「臣等廣人也。是役也，臣等嘗爲守仁計曰：前當事者，凡若三省兵若干萬，梧州軍門費用軍儲若干萬，復從廣東布政司支用銀米若干萬，殺死疫死官兵士兵若干萬，僅得田州小寧五十日而思恩叛矣。吊岩賊出圍肇慶府，與思、田東西相應，勢張甚。若守仁乘大敗極敝，即合四方兵力，再用銀米數百萬，能平定田州，亦奇功也。今守仁不殺一卒，不費斗米，直宣揚威德，遂使思、田頑叛稽首來服，雖舜格有苗，何以過此。臣是以嘆服守仁，不惟能肅將天威，實能誕敷天德也。乃若八寨賊、斷藤峽賊，又非思、田之比。蓋廣西在萬山之叢，土險水迅[一]，諺有之曰：『廣西民三賊七。』蓋由土惡氣悍，雖良民至亦化爲賊。是故八寨賊，在洪武間不能平，斷藤峽賊，天順間都御史韓雍僅能平之，迄今而遺孽復熾。故廣西賊巢，如柳、慶、鬱林、府江諸賊，雖時出掠，官軍亦屢征之。惟八寨賊，則國初至今，未有輕議進兵者。蓋山水凶惡，進兵無路，兵形稍露，賊已先知，一夫控險，

[一] 土險水迅　「迅」，底本訛作「近」，據全書卷三十八霍韜地方疏改。

萬人莫敵。故八寨爲諸賊淵藪，而斷藤爲八寨羽翼也。廣西有八寨諸賊，猶人有心腹病也，八寨不平，則兩廣無安枕期也。今守仁沉機不露，一舉平之，百數十年豺虎窟穴，掃而清之，如拂塵然，非仰藉神武不殺之威，何以致此。臣等是以歎服守仁，能體陛下之仁，以懷綏思、田向化之民；又能體陛下之義，以討服八寨、斷藤梗化之賊；仁義兩得之也。夫守仁之成功，有八善焉：乘湖兵歸路之便，兵不調而自集，一也。因思、田效命之助，勞而不怨，二也。機出意外，賊不能遁，所誅者渠惡，非濫殺報功者比，三也。因歸師，無糧運費，四也。一舉成功，民不知擾，五也。平八寨與斷藤峽，則極惡者先誅，其細小巢穴，可漸德化，得撫剿之宜，六也。八寨不平，則西而柳、慶，東而羅旁、淥水、新寧、恩平之賊，合數千里，共爲窟穴。雖調兵數十萬，未易平伏。今八寨平定，則諸賊可以漸次撫剿，兩廣良民可漸安業，紓聖明南顧之憂，七也。韓雍雖平斷藤峽賊矣，旋復有倡亂者，當時未及區畫其地，爲經久圖，俾餘賊復據巢穴，五十年生聚，則賊熾盛也亦宜。若八寨，乃百六十年所不能誅之劇賊，山川天險，尤難爲功。今守仁既平其巢窟，即圖建城邑以鎮定之，則惡賊失險，後日不能爲變，逋賊來歸，且化爲良民矣。誅惡綏良，得民父母之體，八也。或議守仁奉命有事思、田，乃不勦思、田則亦已矣，遂勦八寨，可乎？臣則曰：『昔吳、楚反，攻梁，景帝詔周亞夫救梁。亞夫不奉詔，而絶吳、楚糧道，遂破吳、楚而平七國，安漢社稷。傳曰：閫以外，將軍制之。又曰：大夫出疆，有可以安國家，利社稷，專之可也。古之道也。是故亞夫知制吳、楚在絶其食道，而不在於救梁，是故雖有詔命，有所不受。今守仁知思、田可以德懷也，遂納其降而安定之；知八寨諸賊未易服也，遂因時仗義而討平之。仁義之用，達天德也。雖無詔命，先發後聞可也，況有便宜從事之旨乎？』或曰：『建置城邑，大事也；區處錢糧，户部職也。不先奉聞而輒興功，可乎？』臣則曰：『古者帝王千里之内自治，千里之外，付之侯伯而已。是豈堯、舜、湯、武反後世不如哉？蓋慮輿圖既廣，知力不及，與其役一己耳目無益於事，孰若以天下才理天下事，爲逸而有功乎？是故帝王在於知人而已。既知其人之賢而任之矣，則事之舉措，一以付之，而責其功成。若功效不孚，乃制其罪可也。今既任之，又從而牽制之，則豪傑何所措手足乎？是故守仁之平八寨也，所殺者賊之渠魁耳，逋逃固未嘗殺也。乘此時機，建置城邑，遂招逋逃之賊復業安焉，則積年之賊，皆可化爲良民。失此機會，徹兵而歸，俟奏得旨乃興版築，則賊漸來歸，據險以抗我師，雖築城亦不能矣。昔者范仲淹之守西邊也，欲築大順城，慮敵人爭之，乃先具版築，然後巡邊，急速興工，一月成城。西夏覺而爭之，已不及矣。是何也？若俟其奏報，豈不敗事？守仁于建置城邑之役，計之熟矣，錢糧夫役，固不仰足户部而後有處矣。其以一肩而分聖明南顧之憂，可謂賢矣。不以爲功，反以爲過，可乎？』先是宸濠反，江西諸司俛首從賊，惟守仁同御史伍希儒、謝源誓心效忠。不幸奸臣張忠、許泰等欲攘其功，乃揚諸人曰：『守仁初同賊謀，及公論難掩，乃思起兵。』又曰：『宸濠金帛，俱守仁、希儒、源滿載以去。』當時大學士楊廷和、尚書喬宇亦忌守仁之功，不與辯白，而黜希儒、源。守仁不辯之謗，至今未雪，可謂冤矣。夫國家論功有二：有開國之臣焉，有定亂之臣焉。開國之臣，成則侯，敗則虜，雖勿祟焉可也。惟禍變倏起，社稷安危，凜乎一髮，效忠定亂之臣則不可忘。何也？所以衛社稷也。昔者守仁之執宸濠也，可謂定亂拯危之功矣，姦人猶或忌之而謗其短。夫如是，則後有事變，誰肯效忠乎？甚矣！小人忌功足以誤國也。臣等是以嘆曰：『江西之功不白，無以勸勵忠之臣；廣西之功不白，無以勸策勳之臣；是皆天下慮也。守仁，大臣也，豈以功賞有無爲輕重哉？第恐當時有功之人，視此解體，則在外撫臣，遂無所激勸以爲建功之地耳。』臣等廣人也，目擊八寨之賊，爲地方大患百數十年，一旦仰賴聖明，任用守仁以底平定，不勝慶忭。今兵部功賞未行，户部覆題再勘，臣恐機會一失，大功遂沮，城堡不築，逋賊復據，地方可慮。是故冒昧建言，唯聖明察焉。」當時朝議呶呶於八寨者之役，故辭懇切若此。提督侍郎林富覆議曰：「帝王御極，慮周萬世之防，以通變宜民爲本；威振八蠻之俗，以勸邇略遠爲圖。故事有不必更者，亦有不容不更者。守仁原議遷衛改府，設縣鎮，與土流兼設，無非安邊闢國、保治防危之計。但當時身在行間，事欲乘時，中間有未暇致詳者。今據僉謀詳覆，固非苟爲異同。其言特設流官知府，似難比思、田之例，止宜降府爲州，以岑邦相爲土知州。及分設土巡檢司，革鳳化縣，而移南丹衛于三里，仍屬南寧，自餘悉如守仁議。」○嶺南士人曰：「先生田州、斷藤峽、八寨，實爲偉功，至今民受其福，尚不之知。但爲當時用事所忌，故其言不盡行，且公之力，止可及此。北流斷藤，不肯改設府縣，而思恩以流官知府，分八寨爲八巡檢統之，以分其勢，亦羈縻策也。今流官不隨俗爲治，而又多索賄，取侮蠻夷。八巡檢又非知府可制，遂各分爭土地，專制生殺，將來尾大不掉之患，可勝言哉。蓋土官以夷治夷，爲夷所信，且供億差役，簡而不擾。流官文法太多，夷不堪命，況有八巡檢耶？此後來總督責也。天不憖遺，使至此極，悲夫！」

九月，疏謝獎勵賞賚。

賞恩、田功也。有旨：「王守仁受命提督軍務，蒞任未久，乃能開誠宣恩，處置得宜，致令叛夷畏服，率衆歸降，罷兵息民，其功可嘉。寫勅，差行人賫去獎勵，還賞銀五十兩，紵絲四表裏，布政司買辦羊酒送用。」本年九月初八日，該行人馮恩賫捧欽賜至鎮，故有謝疏。與德洪、畿書曰：「地方事幸遂平息，相見漸可期矣。近來不審同志敘會如何，得無法堂前今已草深一丈否？想卧龍之會，雖不能大有所益，亦不宜遂爾荒落，且存餼羊，後或興起，亦未可知。餘姚得應元諸友相與倡率，爲益不小。近有人自家鄉來，聞龍山之講至今不廢，亦殊可喜。書到，望爲寄聲，益相與勉之。九十弟與正憲輩，不審早晚能來親近否？誘掖接引之，諒與人爲善之心，當不俟多喋也。」

謁伏波廟。

先生十五歲時，常夢謁伏波廟，有詩，至是拜祠下，宛如夢中。謂兹行殆不偶，因識二詩，一曰：「四十年前夢裏詩，此行天定豈人爲。徂征敢倚風雲陣，所過須同時雨師。尚喜遠人知向望，却慚無術救瘡痍。從來勝算歸廊廟，耻說兵戈定四夷。」又曰：「樓船金鼓宿烏蠻，魚麗群舟夜上灘。月遶旌旗千嶂靜，風傳鈴柝九溪寒。荒夷未必先聲服，神武由來不殺難。想見虞廷新氣象，兩階干羽五雲端。」○是月，與豹書：「近歲來山中講學者，往往多說勿忘勿助，工夫甚難。問之則云：『才著意便是助，才不著意便是忘，所以甚難。』區區因問之云：『忘是忘箇甚麼，助是助箇甚麼？』其人默然無對，始請問。區區因與說我此間講學，却只說箇『必有事焉』，不說『勿忘勿助』。必有事焉者，只是時時去集義。若時時去用必有事的工夫，而或有時間斷，此便是忘了，即須勿忘；時時去用必有事的工夫，而或有時欲速求效，此便是助了，即須勿助。其工夫全在必有事焉上用，勿忘勿助，只就其間提撕警覺而已。若是工夫原不間斷，即不須更說勿忘；原不欲速求效，即不須更說勿助。此其工夫，何等明白簡易，何等灑脱自在。今却不去必有事上用工，而乃懸空守著一箇勿忘勿助。此正如燒鍋煑飯，鍋內不曾漬水下米，而乃專去添柴放火，不知畢竟煑出箇甚麽物來。吾恐火候未及調停，而鍋已先破裂矣。近日一種專在勿忘勿助上用工者，其病正是如此。終日懸空去做箇勿忘，又懸空去做箇勿助，渀渀蕩蕩，全無實落下手處。究竟工夫，只做得箇沉空守寂，學成一箇痴騃漢。纔遇些子事來，即便牽滯紛擾，不復能經綸宰制。此皆有志之士，而乃使之勞苦纏縛，躭閣一生，皆由學術誤人之故，甚可憫矣。夫必有事焉，只是集義，集義只是致良知。説集義，則一時未見頭腦；説致良知，即當下便有實地步可用工；故區區專説致良知。隨時就事上致其良知，便是格物；着實去致良知，便是誠意；着實致其良知，而無一毫意必固我，便是正心。着實致良知，則自無忘之病；無一毫意必固我，則自無助之病。故説格致誠正，則不必更説箇忘助。孟子説忘助，亦就告子得病處立方。告子强制其心，是助的病痛，故孟子專説助長之害。告子助長，亦是他以義爲外，不知就自心上集義，在必有事焉上用工，是以如此。若時時刻刻就自心上集義，則良知之體，洞然明白，自然是是非非，纖毫莫遯，又焉有『不得於言，勿求於心，不得於心，勿求於氣』之弊乎？孟子『集義』

『養氣』之說，固大有功於後學，然亦是因病立方，說得大段。不若大學格致誠正之功，尤極精一簡易，爲徹上徹下，萬世無弊者也。聖賢論學，多是隨時就事，雖言若人殊，而要其工夫頭腦，若合符節。緣天地之間，原只有此性，只有此理，只有此良知，只有此一件事耳。」○又與守益書：「隨處體認天理，勿忘勿助之說，大約未嘗不是。只要根究下落，即未免捕風捉影。縱令鞭辟向裏，亦與聖門致良知之功尚隔一塵。若復失之毫釐，便有千里之謬矣。世有無志之人，既已見驅於聲利詞章之習，間有知得自己性分當求者，又被一種似是而非之學兜絆羈縻，終身不得出頭。緣人未有真爲聖人之志，未免挾有見小欲速之私，則此種學問，極足支吾眼前得過。是以雖在豪傑之士，而任重道遠，志稍不力〔一〕，即且安頓其中者多矣。」

祀增城先廟。

先生五世祖諱綱，死苗難，廟祀增城。是月，有司復新祠宇，先生謁廟奉祀。過甘泉先

〔一〕志稍不力　「力」，底本訛作「立」，據天真本、全書本改。

生廬，題詩於壁曰：「我祖死國事，肇禋在增城。荒祠幸新復，適來奉初蒸。亦有兄弟好，言念思一尋[一]。蒼蒼蒹葭色，宛隔環瀛深。入門散圖史，想見抱膝唫。賢郎敬父執，童僕意相親。病軀不遑宿，留詩慰慇懃。落落千百載，人生幾知音。道同著形迹[二]，期無負初心。」○又甘泉居：「我聞甘泉居，近連菊坡麓。十年勞夢思，今來快心目。徘徊欲移家，山南尚堪屋。渴飲甘泉泉，饑飡菊坡菊。行看羅浮雲，此心聊復足。」○與德洪、畿書曰：「書來，見近日工夫之有進，足爲喜慰。而餘姚、紹興諸同志，又能相聚會講切，奮發興起，日勤不懈，吾道之昌，真有火燃泉達之機矣。喜幸當何如哉！喜幸當何如哉！此間地方悉已平靖，只因二三大賊巢，爲兩省盜賊之根株淵藪，積爲民患者，心亦不忍不爲一除翦，又復遲留二三月，今亦了事矣。旬月間，便當就歸途也。守儉、守文二弟，近承夾持啓迪，想亦漸有所進。正憲尤極懶惰，若不痛加針砭，其病未易能去。父子兄弟之間，情既迫切，責善反難，其任乃在師友之間。想平日骨肉道義

[一] 言念思一尋 「言念」，天真本、全書本作「念言」。

[二] 道同著形迹 「同」，底本訛作「童」，據天真本、全書本改。

之愛，當不俟於多囑也。書院規制，近聞頗加脩葺，是亦可喜。寄去銀十二兩，稍助工費，垣墻之未堅完及一應合整備者，酌量爲之。」

十月，疏請告。

先生疾劇，上疏請告，略曰：「臣以憂病，跧伏田野，六年有餘。蒙陛下賜之再生之恩，錫之分外之福，每思稽首闕廷，一覩天顔，以申其感激之誠。既困疾病，復畏譏讒，未敢一出門庭。君臣大義，天高地厚之恩，每一念及，則哽咽涕下，不知其所以爲心。邇者誤蒙陛下過採大臣之議，授以軍旅重寄，自知才不勝任，病不任勞，輒具疏辭謝。又蒙恩旨慰諭，伏讀感泣，不復能顧其他，即日矢死就道。既而沿途備訪其所以致此變亂之由，熟思其所以經理斡旋之計，乃甚有牴牾矛盾者。而其事勢既已顛覆破漏，如將傾之屋，半溺之舟，莫知所措[一]。惟恐付託不效，以孤陛下生成之德，以累大臣薦舉之明，於是始益日夜危懼，而病亦愈甚。不自意入境以來，旬月之間，不折一矢，不戮一卒，

[一] 莫知所措　「知」，底本訛作「之」，據天真本改。

而兩府頑民帖然來服，千里之內，去荊棘而成坦途。其間雖有數處强大賊巢，素爲廣西衆賊之淵藪根柢，屢嘗征討而不克者，亦就永、保歸兵之便，用思、田新附報效之勇，財力不致於大費，小民不及於疲勞，遂皆殲厥渠魁，蕩平巢穴，而方隅寧靖。是皆陛下好生之至德，昭格於上下；不殺之神武，幽贊於神明。是以不言而信，不怒而威，陰佑默相，以克有此。固非愚臣意望之所敢及，豈其知謀才力爲能辦此哉？竊自喜幸，以爲庶得藉此以免於覆敗之戮，不爲諸臣薦揚之累足矣。而臣之病勢，乃日益增劇，百療無施。臣又思之，是殆功過其事，名浮其實，福踰其分，所謂小人而有非望之獲，必有意外之災者也。臣自往年承乏南、贛，爲炎毒所中，遂患咳痢之疾，歲益滋甚。其後退休林野，稍就醫藥，而疾亦終不能止。自去歲入廣，炎毒驕亢，力疾從事，竣事而出，遂爾不復能興。今已輿至南寧，移卧舟次，將遂自梧道廣，待命于韶、雄之間。夫竭忠以報國，臣之素志也。受陛下之深恩，思得粉身虀骨以自效，又臣之所日夜切心者也。病日就危，而尚求苟全以圖後報，而爲養病之舉，此臣之所大不得已也。」疏入，不報。○與廷仁書曰：「區區病勢日狼狽，自至廣城，又增水瀉，日夜數行不得止，至今遂兩足不能坐立，須稍定，即踰嶺而東矣。諸友皆不必相候，果有山陰之興，即須早鼓錢塘之舵，得與德洪、汝中輩一會聚，彼此當必有益。區區養病本，去已三月，旬日後必得旨，亦遂發舟而東。縱未能遂歸田之願，亦必得一還陽明洞，與諸友一面而别，且後會又有可期也。千萬勿復遲疑，徒躭誤日月。縱及隨舟而行，沿途官吏送迎請謁，斷亦不能有須臾之暇，宜悉此意。德洪、汝中輩，亦可促之早爲北上之圖。伏枕潦草。」

十一月丁卯，先生卒於南安。

是月廿五日，踰梅嶺至南安，登舟時，南安推官門人周積來見。先生猶起坐，咳喘不已，徐曰：「近來進學如何？」積以政對，遂問道體無恙否。先生曰：「病勢危亟，未死者，元氣耳。」侍者垂泣，以家事嗣子問。先生嘆曰：「何須及此！」少頃曰：「惟未得與諸友了學問一事，爲可恨耳。」時時作越聲，訝吉安何無一人至者。廿八日晚泊，問：「何地？」旁對曰：「青龍鋪。」明日，召積入，久之，開目視曰：「吾去矣。」積泣下，問遺言。微笑曰：「此心光明，復何言。」頃之，瞑目而逝，蓋二十九日丁卯辰時也。

南贛兵備門人張思聰追迎於南埜驛，積就中堂沐浴，衾斂如禮。先是離廣，布政門人王大用備美材以隨，思聰敦匠，設裀褥，裼襲甚厚。明日，爲十二月朔，安成門人劉邦采適至，遂治險。又明日，思聰與官屬師生設奠入棺。初四日，輿櫬登舟，士民遠近遮道，哭震地，如喪考妣。至贛，提督都御史汪鋐迎奠于道，士民沿途擁哭，如南康。至南昌，巡按御史儲良材、提學副使門人趙淵等，請改歲行。官吏師生，父老子弟，日有奠，憑哭如贛。

八年己丑正月，喪發南昌。

是月逆風，舟不能行，趙淵祝於柩曰：「公豈爲南昌士民留耶？越中子弟門人來候久矣。」忽變西風，六日至弋陽。德洪與王畿已西渡錢塘，將入京赴殿試，聞先生歸，遂返迎，聞訃嚴灘。正月三日，成喪于廣信，訃告同門。是日，正憲至。初六日，會于弋陽。初十日，過玉山，弟守儉、守文、門人欒惠、王洪、李珙、范引年、柴鳳至。

二月庚午，喪至越。

四日，子弟門人奉柩中堂，遂飭喪紀。婦人哭門内，孝子正憲携弟正億親族子弟哭門外，門人哭幕外，朝夕設奠如儀。每日門人來者百餘人，有自初喪至卒葬不歸者。書院及諸院聚會如師存〔一〕。是時朝中有異議，爵廕贈謚，諸典不行，且下詔禁僞學。詹事黄綰上疏曰：「忠臣事君，義不苟同；君子立身，道無阿比。臣昔爲都事，今少保桂萼時爲舉人，取其大節，與之交友。及臣爲南京都察院經歷，見大禮不明，相與論列，相知二十餘年，始終無間。昨臣薦新建伯王守仁堪以柄用，萼與守仁舊不相合，因不謂然，小人乘間搆隙，然臣終不以此廢萼平生也。但臣於事君之義，立身之道，則有不得不明者。臣所以深知守仁者，蓋以其功與學耳。然功高而見忌，學古而人不識，此守仁之所以不容於世也。其功之大者有四：其一，宸濠之爲不軌，謀非一日，内而内臣如魏彬等，嬖幸如錢寧、江彬等，文臣如陸完等，爲之内應；外而鎮守如畢真、劉朗等，爲之外應。故當時中外諸臣，多懷觀望。若非守仁忠義自許，身任討賊之事，不顧赤族之禍，倡義以勤王，運籌以伐謀，則天下安危未可知。今乃皆以爲伍文定之功，是輕發蹤而重走狗。

〔一〕書院及諸院　天真本、全書本「諸」下有「寺」字。

豈有兵無勝算，而濠可徒搏而擒者乎？其二，大帽、茶寮、浰頭、桶岡諸賊寨，勢連四省，兵連累歲。若非蚤平，南方自此多事，守仁臨鎮，次第底定。其三，田州、思恩搆釁有年，事不得息，民不能已。故起守仁以往，定以兵機，感以誠信，乃使盧、王之徒，崩角來降，感泣受杖，遂平一方之難。其四，自來八寨爲兩廣腹心之疾，其間守戍官軍，與賊爲黨，莫可奈何。守仁假永順狼兵，盧、王降卒，并而襲之，遂去兩廣無窮之巨害，寔得兵法便宜之算。夫兵凶戰危，守仁所立戰功，皆除大患，卒之以死勤事。夫兵政，國之大事，宜爲後世法，可以終泯其功乎？其學之大要有三：一曰致良知，實本先民之言，蓋『致知』出於孔氏，而『良知』出於孟軻『性善』之論。二曰親民，亦本先民之言，蓋大學舊本所謂『親民』者，即『百姓不親』之『親』。凡親賢樂利，與民同其好惡，而爲絜矩之道者是已［一］。此所據以從舊本之意，非創爲之說也。三曰知行合一，亦本先民之言，蓋知至至之，知終終之，只一事也。守仁發此，欲人言行相顧，勿事空言以爲學也。是守仁之學，弗詭於聖，弗畔於道，乃孔孟之正傳也，可以終廢其學乎？然以蓴之非守仁，

［一］而爲絜矩之道者是已　「絜」，底本訛作「潔」，據天真本改。

遂致陛下失此良弼，使守仁不獲致君堯舜，誰之過與？臣不敢以此爲蕚是也。况賞罰者，御世之權，以守仁之功德，勞於王事，乃常典不及，削罰有加，廢褒忠之典，倡黨錮之禁，非所以輔明主也。守仁客死，妻子孱弱，家童載骨，藁埋空山，鬼神有知，當爲惻然，臣實不忍見聖明之世有此事也。假使守仁生於異世，猶當追崇，况在今日哉？且永順之衆，盧、王之徒，素慕守仁威德，如此舉措，恐失其望，關繫夷情，亦非細故。臣昔與守仁爲友幾二十年，一日，憤寡過之不能，守仁從而覺之，若有深省，遂復師事之。是臣於守仁，實非苟然相信，如世俗師友者也。臣於君父之前，處師友之間，既有所懷，不敢不盡。昔蕚爲小人所讒，臣爲之憤，既而得白，臣爲之喜，固非臣之私也。今守仁之抱冤，亦猶蕚之負屈。伏望擴一視之仁，特勅所司，優以䘏典贈謚，仍與世襲，并開學禁以昭聖政。若此事不明，則蕚之與臣，終不能以自忘。故臣敢言及於此，所以盡事陛下之忠，且以補蕚之過，亦以盡臣之義也。」疏入，不聽。於是給事中周延抗疏論列，謫判官。

十一月，葬先生於横溪。

是月十一日發引，門人衛葬者千餘人，麻衣衰屨，扶柩哭，四方來觀者莫不交涕。橫溪去越城三十里，入蘭亭五里，先生所親擇也。先是，前溪水入懷，與左溪會，衝嚙右麓，術者心嫌，欲棄之。有山翁夢神人緋袍玉帶立溪上，曰：「吾欲還之故道。」明日，雷雨大作，溪水泛，忽從南岸行，明堂周濶數百丈，遂定穴。門人李珙等築治，更番晝夜不息者月餘而墓成。

陽明王公年譜跋

陽明王公功在虔臺，虔之人既已家祀而户祝矣，又梓其文以傳，惟年譜未之有也。往緒山錢公述其歲月大略，圖其像於石，刻之吉州，然其文未備，學士大夫有餘憾焉。今念菴羅公始彙爲書，提綱分目，列爲三卷，而年譜始完。羅公居石蓮洞，二十年於兹矣，學益深而道益盛，是書成，亦竭終歲之力云。穩生也晚，不獲從王公游，與之上下議論，以聞道德性命之奥。曩因瘴疾，接方外之士，講鍊心習靜之術，始知王公初年學佛老而悟聖道，其言非欺我也。及備員江右藩臬，竊聞王公剿賊往事，機宜神妙，非書生所窺。辛酉，拜命虔臺，謁王公於祠下，爲之徘徊興起，不忍去。時當多事，盗賊縱横於閩廣江湘之間，道路爲梗，其勢岌岌。穩鄙陋，弗稱任使，安得復起王公，以聞經略之妙，弘濟一時之艱危。獨念身既受事，不敢復以得失利害横怵胸臆，直欲滅此而後朝食。賴天子明聖，神武不測，當事大臣虚心採納，無中格之患，以是張皇六師，且撫且剿，致有今日成功。穩不敢自謂追美王公，以希前人之休烈，而羅公謂王公用兵後，此再見者。其説果爾，穩雖不肖，位次王公之後，又有大賢如羅公者之言以傳，韓愈所謂有餘榮焉，非耶？譜成，羅公以書來囑穩梓之，以有留都新命，不及親董其事，轉屬郡佐毛君汝麒終之，毛亦吾浙之賢者也。嘉靖癸亥九月二日吴興陸穩跋。

圖書在版編目（CIP）數據

陽明先生年譜：毛汝麒本 /（明）錢德洪編次；（明）羅洪先考訂；向輝，彭啓彬點校．— 北京：北京燕山出版社，2022.10

ISBN 978-7-5402-6456-7

Ⅰ．①陽… Ⅱ．①錢… ②羅… ③向… ④彭… Ⅲ．①王守仁（1472-1528）- 年譜 Ⅳ．① B248.2

中國版本圖書館 CIP 數據核字（2022）第 210319 號

陽明先生年譜： 毛汝麒本

作　　者 向輝 彭啓彬

責任編輯 劉朝霞 馬天嬌

封面設計 黃曉飛

出版發行 北京燕山出版社有限公司

社　　址 北京市豐臺區東鐵匠營葦子坑 138 號

郵　　編 100079

電話傳真 86-10-65240430（總編室）

印　　刷 北京富誠彩色印刷有限公司

開　　本 889*1194 1/32

字　　數 160 千字

印　　張 8.25

版　　別 2022 年 10 月第 1 版

印　　次 2022 年 10 月第 1 次印刷

ISBN 978-7-5402-6456-7

定　　價 68.00 圓